DESAFIOS DA EDUCAÇÃO JURÍDICA EM CONTEXTOS (PÓS) PANDÊMICOS

CHALLENGES OF LEGAL EDUCATION IN THE (POST) PANDEMICS CONTEXTS

Editora Appris Ltda.
1.ª Edição - Copyright© 2024 dos autores
Direitos de Edição Reservados à Editora Appris Ltda.

Nenhuma parte desta obra poderá ser utilizada indevidamente, sem estar de acordo com a Lei nº
9.610/98. Se incorreções forem encontradas, serão de exclusiva responsabilidade de seus organizadores. Foi realizado o Depósito Legal na Fundação Biblioteca Nacional, de acordo com as Leis nᵒˢ
10.994, de 14/12/2004, e 12.192, de 14/01/2010.

Catalogação na Fonte
Elaborado por: Dayanne Leal Souza
Bibliotecária CRB 9/2162

D441d 2024	Desafios da educação jurídica em contextos (pós) pandêmicos: challenges of legal education in the (post) pandemics contexts / Guilherme Rodrigues Abrão, José Luís Ferraro (orgs.). – 1. ed. – Curitiba: Appris, 2024. 180 p. ; 23 cm. – (Coleção Educação, Tecnologias e Transdisciplinaridade). Vários autores. Inclui referências. ISBN 978-65-250-7213-5 1. Educação jurídica. 2. Clínica jurídica. 3. Prática jurídica. 4. Direito. I. Abrão, Guilherme Rodrigues. II. Ferraro, José Luís. III. Título. IV. Série. CDD – 340

Livro de acordo com a normalização técnica da ABNT

Appris
editora

Editora e Livraria Appris Ltda.
Av. Manoel Ribas, 2265 – Mercês
Curitiba/PR – CEP: 80810-002
Tel. (41) 3156 - 4731
www.editoraappris.com.br

Printed in Brazil
Impresso no Brasil

Guilherme Rodrigues Abrão
José Luís Ferraro
(orgs.)

DESAFIOS DA EDUCAÇÃO JURÍDICA EM CONTEXTOS (PÓS) PANDÊMICOS

CHALLENGES OF LEGAL EDUCATION IN THE (POST) PANDEMICS CONTEXTS

Appris
editora

Curitiba, PR
2024

FICHA TÉCNICA

EDITORIAL Augusto Coelho
Sara C. de Andrade Coelho

COMITÊ EDITORIAL

Ana El Achkar (Universo/RJ)
Andréa Barbosa Gouveia (UFPR)
Antonio Evangelista de Souza Netto (PUC-SP)
Belinda Cunha (UFPB)
Délton Winter de Carvalho (FMP)
Edson da Silva (UFVJM)
Eliete Correia dos Santos (UEPB)
Erineu Foerste (Ufes)
Fabiano Santos (UERJ-IESP)
Francinete Fernandes de Sousa (UEPB)
Francisco Carlos Duarte (PUCPR)
Francisco de Assis (Fiam-Faam-SP-Brasil)
Gláucia Figueiredo (UNIPAMPA/ UDELAR)
Jacques de Lima Ferreira (UNOESC)
Jean Carlos Gonçalves (UFPR)
José Wálter Nunes (UnB)
Junia de Vilhena (PUC-RIO)

Lucas Mesquita (UNILA)
Márcia Gonçalves (Unitau)
Maria Aparecida Barbosa (USP)
Maria Margarida de Andrade (Umack)
Marilda A. Behrens (PUCPR)
Marília Andrade Torales Campos (UFPR)
Marli Caetano
Patrícia L. Torres (PUCPR)
Paula Costa Mosca Macedo (UNIFESP)
Ramon Blanco (UNILA)
Roberta Ecleide Kelly (NEPE)
Roque Ismael da Costa Güllich (UFFS)
Sergio Gomes (UFRJ)
Tiago Gagliano Pinto Alberto (PUCPR)
Toni Reis (UP)
Valdomiro de Oliveira (UFPR)

SUPERVISORA EDITORIAL Renata C. Lopes

PRODUÇÃO EDITORIAL Daniela Nazario

PREPARAÇÃO DE ORIGINAIS Camila Dias Manoel.

REVISÃO Bruna Fernanda Martins

DIAGRAMAÇÃO Amélia Lopes

CAPA Carlos Eduardo Pereira

REVISÃO DE PROVA Bianca Pechiski

COMITÊ CIENTÍFICO DA COLEÇÃO EDUCAÇÃO, TECNOLOGIAS E TRANSDISCIPLINARIDADE

DIREÇÃO CIENTÍFICA **Dr.ª Marilda A. Behrens (PUCPR)**   **Dr.ª Patrícia L. Torres (PUCPR)**

CONSULTORES

Dr.ª Ademilde Silveira Sartori (Udesc)

Dr. Ángel H. Facundo
(Univ. Externado de Colômbia)

Dr.ª Ariana Maria de Almeida Matos Cosme
(Universidade do Porto/Portugal)

Dr. Artieres Estevão Romeiro
(Universidade Técnica Particular de Loja-Equador)

Dr. Bento Duarte da Silva
(Universidade do Minho/Portugal)

Dr. Claudio Rama (Univ. de la Empresa-Uruguai)

Dr.ª Cristiane de Oliveira Busato Smith
(Arizona State University /EUA)

Dr.ª Dulce Márcia Cruz (Ufsc)

Dr.ª Edméa Santos (Uerj)

Dr.ª Eliane Schlemmer (Unisinos)

Dr.ª Ercilia Maria Angeli Teixeira de Paula (UEM)

Dr.ª Evelise Maria Labatut Portilho (PUCPR)

Dr.ª Evelyn de Almeida Orlando (PUCPR)

Dr. Francisco Antonio Pereira Fialho (Ufsc)

Dr.ª Fabiane Oliveira (PUCPR)

Dr.ª Iara Cordeiro de Melo Franco (PUC Minas)

Dr. João Augusto Mattar Neto (PUC-SP)

Dr. José Manuel Moran Costas
(Universidade Anhembi Morumbi)

Dr.ª Lúcia Amante (Univ. Aberta-Portugal)

Dr.ª Lucia Maria Martins Giraffa (PUCRS)

Dr. Marco Antonio da Silva (Uerj)

Dr.ª Maria Altina da Silva Ramos
(Universidade do Minho-Portugal)

Dr.ª Maria Joana Mader Joaquim (HC-UFPR)

Dr. Reginaldo Rodrigues da Costa (PUCPR)

Dr. Ricardo Antunes de Sá (UFPR)

Dr.ª Romilda Teodora Ens (PUCPR)

Dr. Rui Trindade (Univ. do Porto-Portugal)

Dr.ª Sonia Ana Charchut Leszczynski (UTFPR)

Dr.ª Vani Moreira Kenski (USP)

AGRADECIMENTOS

Agradecemos a todos os professores que, prontamente, engajaram-se no projeto, dando suas contribuições e permitindo a publicação deste livro.

ACKNOWLEDGEMENTS

We would like to thank all the professors who willingly participated in the project, made their contributions and allowed this book to be published.

APRESENTAÇÃO

A educação jurídica, em sua essência, transcende a mera transmissão de conhecimento técnico que pode ser encontrado no mundo do Direito. Sendo mais do que isso, ela revela-se como um poderoso instrumento para a transformação social e, por extensão, para a promoção da justiça. Nesses termos, o presente livro, composto por diversos capítulos que exploram diferentes aspectos da educação jurídica, surge em um momento crucial, em que cada vez mais são necessárias reflexões em torno das mudanças no cenário educacional e jurídico em nível global.

Considerando que vivemos em uma era de cada vez mais rápidas transformações tecnológicas e sociais que desafiam constantemente as estruturas tradicionais de ensino, urge inserir o debate da educação jurídica atravessado por diferentes temas, dentre os quais alguns são explorados na obra apresentada por nós. A pandemia de Covid-19, por exemplo, não só acabou por promover a adoção de outras tecnologias no ensino jurídico, como também trouxe à tona a necessidade urgente de uma adaptação e de certa inovação nos métodos de ensino. A transição para o ensino remoto forçou tanto educadores quanto estudantes a repensarem a maneira como o conhecimento é construído, enfatizando a importância de um professorado atento às novas formas de explorar os limites da docência.

No entanto, é preciso ressaltar que a educação jurídica não se limita apenas à sala de aula. Os Núcleos de Prática Jurídica têm desempenhado um papel fundamental para a compreensão da realidade do Direito, ao oferecer aos estudantes a oportunidade de vivenciar uma prática jurídica real. Eles constituem-se como espaços onde os futuros bacharéis em Direito e advogados podem desenvolver habilidades consideradas essenciais, tanto técnicas quanto humanas, quando em contato direto com casos e clientes reais. Isso não só enriquece a formação dos estudantes, mas também contribui significativamente para a democratização do acesso à justiça, especialmente para as populações mais vulneráveis.

Afirmamos que os capítulos deste livro abordam uma gama de tópicos relevantes para a educação jurídica contemporânea. Desde a análise crítica das práticas pedagógicas tradicionais até a implementação de modelos considerados inovadores de ensino, passando pelo papel crucial das clínicas jurídicas e programas de assistência *pro bono*, cada uma dessas contribuições oferece uma visão aprofundada sobre como a educação jurídica pode e deve evoluir para atender às demandas de uma sociedade em constante mudança.

No capítulo "Educação Jurídica: Núcleos de Prática Jurídica e Acesso à Justiça", Guilherme Rodrigues Abrão explora as mudanças e adaptações necessárias na educação jurídica em resposta às novas tecnologias e ao contexto pandêmico. Abrão destaca a importância dos Núcleos de Prática Jurídica como espaços essenciais para o desenvolvimento das competências dos estudantes e para o acesso à justiça pelos menos favorecidos. O autor argumenta que a prática jurídica real, proporcionada por esses núcleos, é crucial para uma formação acadêmica completa e para a construção de uma sociedade mais equitativa.

Ana Cláudia Redecker e Liane Tabarelli, em "O Papel do Ensino Jurídico na Sociedade da Informação", discutem como a sociedade da informação e do conhecimento influencia o ensino jurídico. Elas argumentam que o ensino jurídico deve se adaptar para incluir competências digitais e tecnológicas, preparando os estudantes para um mercado de trabalho em constante evolução. A integração de tecnologias no currículo é vista como essencial para formar profissionais do direito aptos a lidar com os desafios modernos.

Ao discutir "Modelos Inovadores de Ensino Jurídico", Adelmo Germano Etges apresenta-os para além das metodologias tradicionais. Assim, discute a importância da interdisciplinaridade e da prática reflexiva, sugerindo que o ensino jurídico deve incorporar métodos que promovam o pensamento crítico e a capacidade de resolver problemas complexos. Etges destaca a necessidade de criar ambientes de aprendizagem que estimulem a colaboração e a criatividade.

Lucy Ryder, por sua vez, em "Oxford Legal Assistance: A Case-Study of Pro-Bono Legal Education", analisa o programa Oxford Legal Assistance (OLA) como um exemplo de educação jurídica *pro bono*. A pesquisadora detalha como os estudantes de Direito da Universidade de Oxford, em parceria com o escritório de advocacia Turpin & Miller, trabalham em casos de assistência jurídica, especialmente em direito de imigração e asilo. Ryder enfatiza a importância das experiências práticas e presenciais no desenvolvimento das habilidades dos estudantes e no fortalecimento do compromisso com a justiça social.

O capítulo "Clinical legal education and specialized law clinics in Nigeria: the baze university model during and post pandemic", escrito pelos investigadores Martha Omem, Tosin Oke, Maryam Idris Abdulkadir, Dayo G. Ashonibare, Jessica E. Imuekemhe e Sunday Kenechukwu Agwu, examina a experiência da Universidade de Baze na Nigéria com clínicas jurídicas especializadas. Os autores discutem como essas clínicas, especialmente durante e após a pandemia, têm adaptado seus métodos para continuar oferecendo serviços essenciais à comunidade. A implementação de tecnologias virtuais para educação e atendimento jurídico é destacada como uma inovação significativa.

A pesquisadora Francina Cantatore, da Bond University, na Austrália, explora como a disrupção, tanto tecnológica quanto social, está remodelando a educação jurídica, em seu capítulo intitulado "Legal education in an age of disruption: insights in navigating technological change". Seu argumento é de que os programas de ensino jurídico precisam ser flexíveis e adaptáveis, incorporando novas tecnologias e metodologias para preparar os estudantes para um futuro incerto. O papel das instituições de ensino em promover uma cultura de inovação é enfatizado.

Em "Street Law at Euphrosyne Polotskaya State university of Polotsk (Republic of Belarus)", Savitskaya Krystsina oferece uma perspectiva sobre o programa Street Law na Universidade Estadual de Polotsk, na Bielorrússia. Trata-se de um programa que envolve estudantes de Direito que, desde 2002, oferecem sessões interativas sobre direitos humanos, bullying, estereótipos de gênero e outros temas relevantes para diferentes grupos da sociedade. Krystsina destaca como essa iniciativa desenvolve tanto as habilidades técnicas quanto as interpessoais dos estudantes, preparando-os para enfrentar desafios complexos em suas futuras carreiras jurídicas.

Petronilla Sylvester e Gail Persad em "Access to justice in Trinidad and Tobago: a hybrid approach" abordam como a Clínica de Assistência Jurídica da Hugh Wooding Law School em Trinidad e Tobago reestruturou seu programa clínico para atender às necessidades de estudantes e clientes durante a pandemia de Covid-19. Assim, são exploradas as medidas adotadas pela Clínica, incluindo a modificação do currículo, da metodologia de ensino e da prestação de serviços jurídicos, para garantir a continuidade da educação de qualidade e o acesso efetivo à justiça. Há destaque para como essas mudanças modernizaram o programa clínico e beneficiaram os estudantes, preparando-os para carreiras jurídicas em uma era cada vez mais tecnológica.

Ao escreverem o capítulo intitulado "Legal education, experiential learning and Covid-19 in the UK: times of change or same old story?", Rebecca Samaras e Richard Grimes examinam o impacto da pandemia de Covid-19 na educação jurídica no Reino Unido, com um foco particular na aprendizagem experiencial. Os pesquisadores discutem como as escolas de direito se adaptaram aos desafios impostos pela pandemia, utilizando tecnologias digitais e plataformas virtuais para continuar a oferecer educação prática. O capítulo analisa as mudanças significativas e as áreas onde pouco se alterou, oferecendo uma visão crítica sobre o futuro da educação jurídica no contexto pós-pandemia.

A diversidade de perspectivas apresentadas no livro organizado pelo professor Guilherme Abrão reflete a complexidade e a riqueza do campo da educação jurídica. Os autores, provenientes de diferentes contextos e experiências, trazem reflexões valiosas sobre os desafios e as oportunidades que permeiam o ensino do Direito — ao destacarem a importância de uma abordagem interdisciplinar, que integra conhecimentos de várias áreas, e a necessidade de uma formação que vá além do conteúdo jurídico, incorporando valores éticos e sociais.

O presente livro é, portanto, um convite à reflexão e à ação. Ele busca inspirar educadores, estudantes e profissionais do Direito a repensarem suas práticas e a buscarem continuamente a excelência e a inovação. Em última análise, a educação jurídica deve ser vista não apenas como um meio de formar advogados competentes, mas como um processo transformador que contribui para a construção de uma sociedade mais justa e equitativa.

Agradece-se, assim, a todos os colaboradores que tornaram esta obra possível, compartilhando seus conhecimentos e experiências. Que esta obra sirva como um farol para aqueles que se dedicam à nobre tarefa de ensinar e aprender o Direito, iluminando caminhos para um futuro mais promissor e justo.

Junho de 2024.

Os organizadores

PRESENTATION

Legal education goes beyond simply transmitting technical knowledge that can be found in the law world. In addition, it is a powerful tool for social transformation and, consequently, the promotion of justice. In these terms, this book, made up of several chapters that explore different aspects of legal education, comes at a crucial time, when reflections on the changes in the educational and legal landscape at a global level are increasingly necessary.

Considering that we live in an era of increasingly rapid technological and social transformations that constantly challenge traditional teaching structures, there is an urgent need to insert the debate on legal education crossed by different themes, some of which are explored in the work presented by us. The COVID-19 pandemic, for example, has not only promoted the adoption of other technologies in legal education, but has also brought to light the urgent need to adapt and innovate teaching methods. The transition to remote teaching has forced both educators and students to rethink the way knowledge is constructed, emphasizing the importance of teachers being attentive to new ways of exploring the limits of teaching.

It should be pointed out that legal education is not restricted to the classroom. The Legal Practice Centers have been instrumental in understanding the reality of law by providing students with the chance to experience actual legal practice. In these spaces, future law graduates and lawyers can develop essential technical and human skills by having direct contact with real cases and clients. This not only enhances the students' training, but also has a significant impact on democratizing access to justice, particularly for the most vulnerable populations.

It is our view that the chapters in this book deal with a range of topics that are relevant to modern legal education. From the critical analysis of traditional pedagogical practices to the implementation of what are considered innovative teaching models, as well as the crucial role of legal clinics and pro bono assistance programs, each of these contributions offers an in-depth look at how legal education can and must evolve to meet the demands of an ever-changing society.

In the chapter "Educação Jurídica: Núcleos de Prática Jurídica e Acesso à Justiça" ("Legal Education: Legal Practice Centers and Access to Justice"), Guilherme Rodrigues Abrão explores the changes and adaptations needed in legal education in response to new technologies and the pandemic context. Abrão highlights the importance of Legal Practice Centers as essential spaces for the development of students' skills and for access to justice for the underprivileged. According to the author, the real-life legal practice offered by these centers is essential for a comprehensive academic education and the establishment of a more equitable society.

The role of legal education in the information and knowledge society is examined by Ana Redecker and Liane Tabarelli in 'The Role of Legal Education in the Information and Knowledge Society' ("O Papel do Ensino Jurídico na Sociedade da Informação"), which discusses the influence of the information and knowledge society on legal education. Their contention is that legal education needs to adjust to incorporate digital and technological skills, preparing students for an ever-changing job market. To train legal professionals capable of dealing with modern challenges, it is essential to integrate technologies into the curriculum.

Adelmo Germano Etges presents innovative models of legal teaching beyond traditional methodologies in his discussion. He explains the significance of interdisciplinarity and reflective practice and suggests that legal education should incorporate methods that foster critical thinking and the ability to solve complex problems. Etges emphasizes the importance of creating learning environments that foster collaboration and creativity.

The Oxford Legal Assistance (OLA) program is analyzed by Lucy Ryder in 'Oxford Legal Assistance: A Case-Study of Pro-Bono Legal Education' as a case study of pro bono legal education. The researcher details how law students at the University of Oxford, in partnership with the law firm Turpin & Miller, work on legal aid cases, especially in immigration and asylum law. Ryder underlines how important practical, face-to-face experiences are to developing students' skills and strengthening their commitment to social justice.

The chapter "Clinical legal education and specialized law clinics in Nigeria: the baze university model during and post pandemic", written by researchers Martha Omem, Tosin Oke, Maryam Idris Abdulkadir, Dayo G. Ashonibare, Jessica E. Imuekemhe and Sunday Kenechukwu Agwu, examines the experience of Baze University in Nigeria with specialized legal clinics. The author explains how these clinics, particularly during and after the pandemic, have modified their practices to continue providing essential services to the community. The use of virtual technologies in legal education and care is considered a significant innovation.

Researcher Francina Cantatore from Bond University in Australia explores how disruption, both technological and social, is reshaping legal education in her chapter entitled "Legal education in an age of disruption: insights on navigating technological change". Her argument is that legal education programs should have flexibility and adaptability, including new technologies and methodologies to prepare students for an uncertain future. The importance of educational institutions in fostering innovation is underlined.

The Street Law program at Polotsk State University in Belarus is explored by Savitskaya Krystsina in Street Law at Euphrosyne Polotskaya State University of Polotsk (Republic of Belarus). Since 2002, law students have been hosting interactive sessions on human rights, bullying, gender stereotypes, and other topics that are relevant to various groups in society through this program. This initiative is highlighted by Krystsina as developing both technical and interpersonal skills in students, which prepares them to face complex challenges in their future legal careers.

Petronilla Sylvester and Gail Persad in "Access to justice in Trinidad and Tobago: a hybrid approach" address how the Legal Aid Clinic at Hugh Wooding Law School in Trinidad and Tobago restructured its clinical program to meet the needs of students and clients during the Covid-19 pandemic. This explores the measures taken by the Clinic, including changes to the curriculum, teaching methodology and the delivery of legal services, to ensure continuity of quality education and effective access to justice. The focus is on how the clinic program has been modernized and benefited students, helping them prepare for legal careers in an increasingly technological age.

Writing the chapter entitled "Legal education, experiential learning and Covid-19 in the UK: times of change or same old story?" Rebecca Samaras and Richard Grimes examine the impact of the Covid-19 pandemic on legal education in the UK, with a particular focus on experiential learning. The researchers are discussing how law schools have adjusted to the pandemic's challenges by using digital technologies and virtual platforms to keep providing practical education. The chapter evaluates the significant changes and the areas that haven't changed much, providing a critical perspective on the future of legal education in the post-pandemic context.

The book organized by Professor Guilherme Abrão presents a diverse set of perspectives that highlights the complexity and richness of legal education. The authors, coming from different backgrounds and experiences, provide valuable reflections on the challenges and opportunities that permeate the teaching of law – by highlighting the importance of an interdisciplinary approach, which integrates knowledge from various areas, and the need for training that goes beyond legal content, incorporating ethical and social values.

The aim of this book is to encourage reflection and action. The objective is to inspire educators, students, and legal professionals to reexamine their practices and continually strive for excellence and innovation. Ultimately, legal education should not only be seen as a means of training competent lawyers, but also as a transformative process that contributes to building a more just and equitable society.

All the contributors who have shared their knowledge and experience have made this work possible and deserve thanks. May this work serve as a beacon for those who dedicate themselves to the noble task of teaching and learning the law, illuminating paths to a more promising and just future.

June, 2024.

The organizers

SUMÁRIO

INTRODUÇÃO 17

INTRODUCTION 19

EDUCAÇÃO JURÍDICA: NÚCLEOS DE PRÁTICA JURÍDICA
E ACESSO À JUSTIÇA 21
Guilherme Rodrigues Abrão

O PAPEL DO ENSINO JURÍDICO NA SOCIEDADE DA INFORMAÇÃO. . . . 33
Ana Cláudia Redecker e Liane Tabarelli

ADAPTABILIDADE E RESILIÊNCIA DOS EDUCADORES NA MIGRAÇÃO
DO ENSINO PRESENCIAL PARA O ENSINO *ONLINE* NO CONTEXTO
PANDÊMICO E SEUS REFLEXOS 45
Adelmo Germano Etges. Colaboradoras: Adriana Hartmann e Rubiane Severo

ACCESS TO JUSTICE IN TRINIDAD AND TOBAGO:
A HYBRID APPROACH. 71
Petronilla Sylvester e Gail Persad

CLINICAL LEGAL EDUCATION AND SPECIALIZED LAW CLINICS
IN NIGERIA: THE BAZE UNIVERSITY MODEL DURING AND POST
PANDEMIC 87
Martha Omem, Tosin Oke, Maryam Idris Abdulkadir, Dayo G. Ashonibare, Jessica E. Imuekemhe e
Sunday Kenechukwu Agwu

LEGAL EDUCATION IN AN AGE OF DISRUPTION: INSIGHTS IN
NAVIGATING TECHNOLOGICAL CHANGE 119
Francina Cantatore

OXFORD LEGAL ASSISTANCE: A CASE-STUDY OF PRO-BONO
LEGAL EDUCATION 139
Lucy Ryder

STREET LAW AT EUPHROSYNE POLOTSKAYA STATE UNIVERSITY OF POLOTSK (REPUBLIC OF BELARUS) 153
Savitskaya Krystsina

LEGAL EDUCATION, EXPERIENTIAL LEARNING AND COVID-19 IN THE UK: TIMES OF CHANGE OR SAME OLD STORY? .... .157
Rebecca Samaras e Richard Grimes

SOBRE OS AUTORES .... .173

INTRODUÇÃO

Este projeto de escrever um livro com artigos, inclusive, de professores do exterior, acerca das mais variadas experiências docentes envolvendo o acesso à justiça por meio de núcleos de prática jurídica, especialmente, no contexto pós-pandêmico surgiu de conversas no curso de doutorado em Educação, na Pontifícia Universidade Católica do Rio Grande do Sul.

Ainda, somou-se a isso o fato de que em 2023 os organizadores participaram de uma missão acadêmica na Inglaterra, possibilitando conhecer experiências acerca de *law clinics* e *street law*, programas desenvolvidos em universidades estrangeiras. Foi possível conhecer experiências acadêmicas na Universidade de Oxford e na Universidade de NewCastle.

Buscou-se propiciar o conhecimento de realidades diversas, a fim de verificar e conhecer a realidade em outros locais e como professores, no pós-pandemia, lidam com questões docentes envolvendo, em especial, a prática jurídica realizada nas instituições acadêmicas.

Em uma sociedade líquida (Bauman), ativa (Byung-Chul Han) e disruptiva não há dúvidas de que os desafios do professor no século XXI são enormes em todos os níveis educacionais.

O ensino e o processo de aprendizagem, com o incremento do período pandêmico, passam por uma (necessidade de) transformação e adaptação ao constante avançar da educação. Novas metodologias de ensino e de aprendizagem devem fazer parte do dia a dia e ser renovadas constantemente.

Atentando-se ao ensino universitário há que se ter em mente que o professor deve deixar de ser mero reprodutor e transmissor de conteúdo. Exige-se do docente que ele encontre e faça uso de novas metodologias de ensino, proporcionando aos alunos o desenvolvimento de habilidades fundamentais para a vida profissional. Daí entra a importância do emprego de metodologias ativas em sala de aula, além de ter-se que a tecnologia não é vilã, mas sim aliada no processo educacional.

A aprendizagem baseada em investigação e em problemas parece ser uma metodologia que ganha terreno, despertando no aluno um maior interesse no estudo. É fundamental perceber que o aluno também deve ser protagonista de seu próprio processo de aprendizagem. Embora possa parecer, não é uma tarefa fácil. Eis a reflexão que se propõe.

Dessa forma, isso também atinge os núcleos de prática jurídica. Fundamental destacar o papel democrático que os núcleos de prática jurídica exercem na sociedade, viabilizando que a população carente tenha acesso ao Poder Judiciário.

É preciso refletir se os núcleos de prática são importantes para a democratização do acesso à Justiça e se permitem aos alunos um aprendizado fundamental de convivência humana, sendo relevante para a educação jurídica atual.

O objetivo deste livro é iniciar o diálogo sobre isso e sobre essas experiências, contando com a participação de professores do exterior, permitindo, assim, ampliar o horizonte sobre esses temas afeitos à educação.

É um primeiro passo e o início de um projeto que buscará contribuir com o desenvolvimento acadêmico de alunos e professores.

Junho de 2024.

Os organizadores

INTRODUCTION

This project to write a book with articles, including from teachers abroad, about the most varied teaching experiences involving access to justice through legal practice centers, especially in the post-school context Pandemic arose from conversations in the course of Doctorate in Education, at the Pontifical Catholic University of Rio Grande do Sul.

Additionally, the organizers participated in an academic mission in England in 2023, allowing them to gain knowledge about law clinics and street law programs developed in foreign universities. It was possible to gain insight into academic experiences at Oxford University and Newcastle University.

We sought to provide knowledge of diverse reality in order to verify and know the reality in other places and as teachers, in the post-pandemic, deal with teaching issues involving, in particular, the legal practice held in academic institutions.

In a society that is both liquid (BAUMAN), active (BYUNG-CHUL HAN), and disruptive, teachers face enormous challenges at all educational levels.

The teaching and learning process is evolving and adapting to the constant advancement of education due to the pandemic period. It is necessary for new teaching and learning methodologies to be part of everyday life and constantly updated.

Regarding university education, it is necessary for teachers to cease being mere reproducers and transmitters of content. To develop fundamental skills for professional life, teachers are required to find and use new teaching methodologies. The use of active methodologies and technology in the classroom is not a threat, but rather a complement to the educational process.

The use of research and problems as a basis for learning seems to be on the rise, leading to greater interest in the subject among students. It's crucial to understand that the student must be in charge of their own learning process. Although it may appear effortless, it is not. This is the thought that has been proposed.

Law clinics are also impacted by this. It is important to emphasize the democratic role that the legal practice centers play in society, which enables the needy population to have access to the judiciary.

It is necessary to reflect whether law clinics are important for democratizing access to justice and allowing students to learn fundamentally about human coexistence, which is relevant to current legal education.

The aim of this book is to initiate a dialogue about these experiences and involve teachers from abroad, thus allowing to broaden the horizon on these themes related to education.

This is the first step and the beginning of a project that will aim to assist in the academic development of students and teachers.

June, 2024.

The organizers

EDUCAÇÃO JURÍDICA: NÚCLEOS DE PRÁTICA JURÍDICA E ACESSO À JUSTIÇA

Guilherme Rodrigues Abrão

1. Considerações iniciais

A educação jurídica vem sofrendo, e deve sofrer, constantes mudanças e adaptações, ainda mais em uma sociedade disruptiva, na qual o avanço de novas tecnologias desafia o ensino como um todo e exige uma nova preparação e adequação do processo de ensino e, igualmente, do processo de aprendizagem.

O contexto pandêmico, se por um lado trouxe os desafios inerentes à dificuldade do ensino remoto, por outro, acelerou mudanças de paradigmas até então sedimentados na educação jurídica, a qual sempre esteve arraigada a determinados formalismos. O rápido avanço do *online* e a exigência de uma rápida adaptação de professores e alunos fez com que avançássemos muitos anos em um curtíssimo espaço de tempo, notadamente, pelo uso de novos, e aprimoramento de outros, recursos tecnológicos.

Embora não seja o objeto principal desta breve reflexão, a leitura e a discussão aqui propostas devem ser feitas com um olhar crítico ao ensino jurídico da forma como está estabelecido em nosso país. Daí a crítica de Streck é crucial e pertinente ao se analisar a crise do ensino jurídico:

> O primeiro fator é que a recepção dessa Grande Tradição com o qual o constituinte buscava romper (e parece ter fracassado), obviamente inclui o Direito e toda a institucionalidade que dele decorre – e que dia a dia nos molda –, permitindo uma peculiar interlocução entre essa mesma tradição e o modelo de ensino jurídico e modelo de concurso público, junto àquilo que denomino de estandardização do direito. Isso porque a própria história dos cursos jurídicos no Brasil demonstrou que os professores, formados na Universidade de Coimbra, eram reprodutores do texto normativo e das doutrinas consagradas e apostiladas. Essa metodologia presa a um pretenso purismo normativista (tradição

textualista-exegética), possibilitou a construção de clichês que distanciavam os cursos jurídicos de todas as demais áreas da ciência. [...]. De outra parte, o ensino jurídico nas universidades foi sendo substancialmente simplificado para se adequar à demanda dos que nele ingressavam que o tinham como meio para obter um fim específico: aprovação em concurso público. Seja ele qual fosse. Criou-se um meme de aluno perguntar: "cai na prova da Ordem? Cai no concurso? Não? Então esquece, professor". O resultado disso foi um substancial empobrecimento do ensino jurídico no país: além da simplificação dos currículos dos cursos de Direito, com a tentativa de encurtamento da duração do curso[1].

Talvez não seja o caso de dizer que a educação jurídica se reinventou, mas, seguramente, pode-se dizer que o caso foi de uma adaptação aos novos tempos e às novas demandas que se exigem na era de uma sociedade líquida (Bauman).

Dessa forma o ensino jurídico nos núcleos de prática jurídica foi, diretamente, afetado pela passagem do presencial ao *online*. Como viabilizar a prática jurídica real aos estudantes? Como estudar casos e processos reais em aulas remotas? Como atender aos assistidos que procuram os núcleos de prática jurídica para acessar à Justiça? Como engajar os alunos nessa sistemática? Inquietantes e difíceis situações que foram enfrentadas na pandemia e com reflexos em tempos atuais.

No contexto pós-pandêmico, com a retomada de aulas presenciais, observou-se algo mais próximo de uma retomada da normalidade. As situações vivenciadas e o ensino jurídico moldado aos núcleos de prática jurídica, praticamente, retornaram ao status quo. Mas, sem dúvidas, o vivenciado na pandemia deixou sua marca na educação jurídica como um todo.

Neste breve ensaio o que se pretende é, justamente, refletir sobre a educação jurídica, notadamente, nos núcleos de prática jurídica, os quais permitem que os alunos tenham contato com a prática jurídica real, lidando com processos reais e realizando atendimentos aos assistidos que buscam auxílio jurídico para seus problemas. Reside aí, então, um dos pilares fundamentais dos núcleos de prática jurídica, qual seja, o de garantir e propiciar aos menos favorecidos econômica e socialmente o acesso à Justiça.

---

[1] STRECK, Lênio Luiz. Por que os concursos e o ensino jurídico são os mesmos desde 1988? **Consultor Jurídico**, [São Paulo], 11 abr. 2024.

2. A importância dos núcleos de prática jurídica

O curso de Direito, dentre outras pretensões, deve buscar formar, pessoal e profissionalmente, seu aluno com uma ampla rede, multidisciplinar, não só de conteúdos jurídicos. Evidentemente as disciplinas eminentemente jurídicas (direito penal, processo penal, direito civil, processo civil, direito do trabalho, tributário, constitucional etc.) desempenham um papel fundamental na formação jurídica do aluno. Tais disciplinas são complementadas por outras, visando à ampla formação acadêmica e pessoal do aluno, como, por exemplo, filosofia, sociologia, direitos humanos, apenas para mencionar-se algumas.

Ao encontro dessas disciplinas e dentro do currículo do curso de Direito o aluno ainda se depara com as disciplinas práticas, que podem ser centradas em uma prática processual em sala de aula, de forma simulada, ou ensinada nos núcleos de prática jurídica, centrada em atendimentos e processos reais.

E é justamente aí que se materializa a relevância da prática jurídica real ensinada e vivenciada pelo aluno do curso de Direito nos núcleos de prática jurídica, pois se trata do espaço em que ele poderá desenvolver habilidades e competências pessoais e comportamentais, aliadas e alinhadas ao conhecimento jurídico, que deverá levar para todo o seu caminho formativo.

É nos núcleos de prática de jurídica o lugar onde o aluno terá um encontro com situações reais, processos reais, que exigem uma abordagem e uma atuação dedicada. Desde o atendimento e acolhida ao assistido, passando pelo estudo do caso, elaboração de petições, participação em audiências e julgamentos, exige-se a atuação do acadêmico, contando com o apoio do professor orientador.

Em uma entrevista, ainda que falando sobre a educação infantil, Nóvoa bem pontua, e podendo-se traçar um paralelo para o ensino superior, em especial o jurídico, que "não é primeiro a teoria e depois a prática (ou os estágios), como habitualmente se faz, mas antes um entrelaçamento que permite uma prática mais reflectida, mais consciente, e uma teoria que ganha novos sentidos e significados"[2].

---

[2] NÓVOA, António. Os professores e sua formação profissional: entrevista com António Nóvoa. [Entrevista cedida a] Maria Lúcia Resende Lomba e Luciano Mendes Faria Filho. **Educar em Revista**, Curitiba, v. 38, e88222, p. 1-10, 2022. p. 2.

Este é o ponto crucial: a teoria somente ganha contornos, sentidos e significados com a prática.

É fundamental disponibilizar aos alunos não só disciplinas que permitam o vivenciar da prática jurídica, mas também métodos e condições de ensino que os permitam conhecer de maneira mais complexa e, portanto, detalhada a prática jurídica para que possam construir uma visão crítica a partir de uma experiência potencialmente significativa relacionada a uma atuação real no mundo do Direito.

Portanto, os núcleos de prática jurídica são importantes não apenas para a democratização do acesso à Justiça, mas, sim, para, efetivamente, permitir aos alunos do curso de Direito um aprendizado rico, dinâmico e fundamental de convivência humana, sendo relevante para a educação jurídica atual, propiciando e exigindo, também, o aspecto comportamental do aluno quando dos atendimentos e dos acompanhamentos de audiências e processos.

É fundamental, nessa linha, destacar o papel democrático e cidadão que os núcleos de prática jurídica exercem na sociedade civil, viabilizando que a população carente, que não possui condições de constituir um advogado, tenha acesso ao Poder Judiciário. Inegavelmente, essa importância democrática abarca também os alunos que cursam a disciplina e têm a possibilidade de se familiarizarem com a atividade advocatícia em sua essência.

Em uma sociedade cada vez mais automatizada e digital não se pode esquecer de que o Direito faz parte da área das ciências humanas. Direito é relação humana, é ter a capacidade de escutar para auxiliar juridicamente, para ser a voz, nos núcleos de prática, de seus assistidos perante o Poder Judiciário.

As instituições de ensino superior, portanto, possuem um papel fundamental e constante com a democratização do acesso à Justiça, além de propiciar uma educação jurídica enriquecedora aos seus alunos com um viés prático-profissional.

Cabe também às instituições de ensino aprimorarem e estimularem seus alunos a cursarem e a frequentarem um número mínimo de horas, durante a realização do curso de Direito, em disciplinas de prática jurídica real (núcleos de prática jurídica), algo que até mesmo já deveria ser exigência formal do Ministério da Educação (MEC) em relação aos cursos de Direito (curricularização da disciplina).

Numa sugestão crítica de reforma do ensino jurídico bem pontua Streck que são necessárias algumas transformações, dentre elas:

> Na contramão do "império do simples" e da massificação, precisamos fugir das simplificações, das facilitações; façamos o seguinte raciocínio: fosse o Direito um saber como a Medicina, perguntemo-nos: você se operaria com um médico que estudou em livros como "operação cardíaca facilitada ou resumida"? A partir dessa resposta comecemos uma reflexão profunda sobre "o que fizemos do Direito". Por outro lado, é necessário que os discentes deixem a passividade de lado e passem a ser mais ativos com relação à própria formação. Não para, simplesmente, reivindicar "os seus direitos" (sic), mas, muito além, por estarem conscientes dos deveres que possuem para com a sua própria formação[3].

A Resolução CNE/CES n.º 5, de 17 de dezembro de 2018, a qual institui as Diretrizes Curriculares Nacionais do Curso de Graduação em Direito e dá outras providências, estabelece em seu Art. 5.º:

> Art. 5.º O curso de graduação em Direito, priorizando a interdisciplinaridade e a articulação de saberes, deverá incluir no PPC, conteúdos e atividades que atendam às seguintes perspectivas formativas: [...].
>
> III – Formação prá tico-profissional, que objetiva a integração entre a prática e os conteúdos teóricos desenvolvidos nas demais perspectivas formativas, especialmente nas atividades relacionadas com a prática jurídica e o TC.
>
> § 1.º As atividades de caráter prático-profissional e a ênfase na resolução de problemas devem estar presentes, nos termos definidos no PPC, de modo transversal, em todas as três perspectivas formativas.
>
> § 2.º O PPC incluirá as três perspectivas formativas, considerados os domínios estruturantes necessários à formação jurídica, aos problemas emergentes e transdisciplinares e aos novos desafios de ensino e pesquisa que se estabeleçam para a formação pretendida.

Da mesma forma, o Art. 6.º de referida Resolução dispõe que a prática jurídica

---

[3] STRECK, Lênio Luiz. O BBB 24 e a reforma do ensino jurídico. **Consultor Jurídico**, São Paulo, 18 jan. 2024.

[...] é componente curricular obrigatório, indispensável à consolidação dos desempenhos profissionais desejados, inerentes ao perfil do formando, devendo cada instituição, por seus colegiados próprios, aprovar o correspondente regulamento, com suas diferentes modalidades de operacionalização.

Ademais, é fundamental que as instituições de ensino superior, nos termos do Art. 6.º, § 2.º, de referida Resolução, ofereçam "atividades de prática jurídica na própria instituição, por meio de atividades de formação profissional e serviços de assistência jurídica sob sua responsabilidade, por ela organizados, desenvolvidos e implantados".

Inegavelmente, os núcleos de prática jurídica, foro adequado para o ensino da prática jurídica em diversas disciplinas (cível, trabalhista, penal, por exemplo), centrado no atendimento de pessoas vulneráveis e hipossuficientes, merecem, assim, dedicada atenção das instituições de ensino superior, pois transcendem apenas a função educacional, ainda mais em um país marcado pela desigualdade social e econômica.

3. O acesso à Justiça como pilar fundante dos núcleos de prática jurídica

Definir o que é o acesso à Justiça (?) e qual o significado disso não é tarefa simples. Falar em acesso à Justiça é ter o direito de recorrer ao Poder Judiciário em busca da solução de um conflito? Ou é esperar um julgamento justo do conflito? Justiça é dar a cada um o que é seu? É fazer a coisa certa?

Sob outro prisma, para auxiliar a chegar-se próximo de um conceito, de uma ideia sobre o que é Justiça, pode-se partir do que é Injustiça. Nesse sentido, bem pontua Amartya Sen que:

Deve-se examinar o senso de injustiça, mesmo que ele acabe se revelando infundado, e deve ser extensamente investigado se for bem fundado. [...]. Mas, como geralmente as injustiças estão relacionadas com profundas divisões sociais, ligadas a divisões de classe, sexo, nível social, domicílio, religião, comunidade e outras barreiras estabelecidas, muitas vezes é difícil superá-las para chegar a uma análise objetiva do contraste entre o que está acontecendo e o que poderia ter acontecido – contraste esse fundamental para o avanço da justiça. Temos de enfrentar dúvidas, questões, argumentos e análises para saber se e como é possível promover a justiça[4].

Essas breves linhas não se aprofundam nessa discussão, ficando numa análise mais ampla acerca do tema, embora se reconheça sua relevância e pertinência.

O que se pretende refletir é Justiça, também garantindo-se aos hipossuficientes, ao menos favorecidos social e economicamente, o acesso ao Poder Judiciário para solução de seus conflitos quando e se necessário for. Aí é que os núcleos de prática jurídica podem transcender a sua função essencialmente educacional. E por quê?

Porque, primeiro, o acesso ao Poder Judiciário é constitucionalmente assegurado ao cidadão, como dispõe o Art. 5.º, inciso XXXIV, alínea "a", da Constituição Federal de 1988[5].

E porque, segundo, igualmente, é dever do Estado prestar "assistência jurídica integral e gratuita aos que comprovarem insuficiência de recursos", como estabelece o Art. 5.º, inciso LXXIV, da Constituição Federal. Nessa linha,

> A ordem constitucional brasileira assegura, de forma expressa, desde a Constituição de 1946 (art. 141, §4.º), que a lei não excluirá da apreciação do Poder Judiciário lesão ou ameaça a direito (CF/88, art. 5.º XXXV). Tem-se aqui, pois, de forma clara e inequívoca, a consagração da tutela judicial efetiva, que garante a proteção judicial contra lesão ou ameaça a direito[6].

O Estado, portanto, garante, constitucionalmente, ao cidadão, independentemente de sua classe social e econômica, o acesso ao Poder Judiciário. Mas isso por si só não basta, pois é preciso garantir meios para isso, em especial para aqueles que não possuem condições econômicas de contratar um advogado particular.

---

[4] SEN, Amartya. **A ideia de justiça**. Tradução de Denise Bottmann e Ricardo Mendes. São Paulo: Cia. das Letras, 2011. p. 424.

[5] "Art. 5.º Todos são iguais perante a lei, sem distinção de qualquer natureza, garantindo-se aos brasileiros e aos estrangeiros residentes no País a inviolabilidade do direito à vida, à liberdade, à igualdade, à segurança e à propriedade, nos termos seguintes: [...]. XXXIV – são a todos assegurados, independentemente do pagamento de taxas: a) o direito de petição aos Poderes Públicos em defesa de direitos ou contra ilegalidade ou abuso de poder".

[6] MENDES, Gilmar Ferreira; BRANCO, Paulo Gustavo Gonet. **Curso de direito constitucional**. 10. ed. São Paulo: Saraiva, 2015. p. 401.

No mesmo sentido de atuação que a Defensoria Pública dos Estados ou da União é que se encaixa a atividade educacional dos serviços de assistência jurídica gratuita (ou também chamados de núcleos de prática jurídica, clínicas jurídicas, por exemplo), propiciando aos necessitados buscar o Poder Judiciário para a solução de seus conflitos e permitindo aos alunos terem contato com essa realidade em forma de aprendizado prático-profissional[7].

Logo, não há dúvida de que os núcleos de prática jurídica desempenham uma função democrática inquestionável ao propiciar aos mais necessitados o acesso ao Poder Judiciário para a solução de suas demandas.

Aliado a isso, a atuação desses núcleos deve garantir aos seus assistidos que esse acesso ao Poder Judiciário seja de forma isenta de qualquer despesa processual, nos termos do estabelecido pela Constituição Federal como visto supra, bem como complementado pelo Código de Processo Civil, em seu artigo 98 e seguintes[8].

Cabe destacar, inclusive, que esse acesso ao Poder Judiciário, propiciado pelos núcleos de prática jurídica, não é apenas relacionado ao litígio, no sentido da propositura e defesa em ações judiciais, mas, cada vez mais, exige uma atuação voltada para formas alternativas de solução dos conflitos, tais como, por exemplo, realização de acordos extrajudiciais e judiciais e sessões de procedimentos restaurativos que buscam métodos consensuais de composição.

---

[7] Observe-se que o Art. 134, da CF/88, estabelece que: "A Defensoria Pública é instituição permanente, essencial à função jurisdicional do Estado, incumbindo-lhe, como expressão e instrumento do regime democrático, fundamentalmente, a orientação jurídica, a promoção dos direitos humanos e a defesa, em todos os graus, judicial e extrajudicial, dos direitos individuais e coletivos, de forma integral e gratuita, aos necessitados, na forma do inciso LXXIV do art. 5.º desta Constituição Federal".

[8] Art. 98. A pessoa natural ou jurídica, brasileira ou estrangeira, com insuficiência de recursos para pagar as custas, as despesas processuais e os honorários advocatícios tem direito à gratuidade da justiça, na forma da lei. § 1.º A gratuidade da justiça compreende: I – as taxas ou as custas judiciais; II – os selos postais; III – as despesas com publicação na imprensa oficial, dispensando-se a publicação em outros meios; IV – a indenização devida à testemunha que, quando empregada, receberá do empregador salário integral, como se em serviço estivesse; V – as despesas com a realização de exame de código genético – DNA e de outros exames considerados essenciais; VI – os honorários do advogado e do perito e a remuneração do intérprete ou do tradutor nomeado para apresentação de versão em português de documento redigido em língua estrangeira; VII – o custo com a elaboração de memória de cálculo, quando exigida para instauração da execução; VIII – os depósitos previstos em lei para interposição de recurso, para propositura de ação e para a prática de outros atos processuais inerentes ao exercício da ampla defesa e do contraditório; IX – os emolumentos devidos a notários ou registradores em decorrência da prática de registro, averbação ou qualquer outro ato notarial necessário à efetivação de decisão judicial ou à continuidade de processo judicial no qual o benefício tenha sido concedido.

Tais práticas educacionais são fundamentais para o desenvolvimento das habilidades dos alunos, além de prestarem um relevante serviço à comunidade em geral, democratizando o acesso à Justiça, tendo relevante impacto social, e, muitas vezes, até mesmo desjudicializando a questão, mas resolvendo-a juridicamente.

As instituições de ensino superior, portanto, possuem um papel fundamental e constante com a democratização do acesso à Justiça, além de propiciar uma educação jurídica enriquecedora aos seus alunos com um viés prático-profissional.

Nesse contexto, um núcleo de prática jurídica não tem apenas uma função educacional, mas, sim, revela-se num instrumento de cidadania, ainda mais em um país como o Brasil, no qual a desigualdade social e econômica é ainda enorme.

A prática jurídica real, portanto, expandiu sua função educacional, docente e filantrópica.

É um instrumento de cidadania, democrático e plural que permite aos alunos do curso de Direito vivenciar o dia a dia forense, contribuindo para democratizar o acesso à Justiça, tarefa que, em verdade, deve ser sempre colocada no gerúndio:

> [...] nos dando uma noção clara de movimento, de permanente persecução de todos os atores como integrantes do Poder Judiciário; sinalizando que é chegada a hora de juntos a (vários) segmentos da sociedade civil e demais instituições jurídicas buscarmos a equidade, os devidos ajustes e alinhamentos, com vistas a garantir o acesso à justiça para as pessoas mais vulneráveis, visando à efetivação de direitos junto às instituições judiciais para que cumpram de forma objetiva a previsão insculpida na Carta Federal de 1988 que proclama a igualdade de todos perante a Lei sem qualquer distinção de raça, cor, sexo, origem, entre outros aspectos do ser humano[9].

Ainda que nossa Constituição contemple o ditame da igualdade, há que se ter em mente que somos iguais formalmente. Materialmente, não somos iguais. É preciso tratar os desiguais de forma desigual. Daí Sadek bem leciona:

---

[9] CERQUEIRA, Silvia Nascimento Cardoso dos Santos. Democratizando o acesso à Justiça. *In*: CONSELHO NACIONAL E JUSTIÇA (CNJ). **Democratizando o acesso à justiça**. Organização de Flávia Moreira Guimarães Pessoa. Brasília: CNJ, 2020. p. 83-88.

À lei igual para todos incorpora-se o princípio de que desiguais devem ser tratados de forma desigual. Cresce a força de movimentos segundo os quais a lei, para cumprir suas funções, deve ser desigual para indivíduos que são desiguais na vida real. Assim, passam a ser defendidas a elaboração e a adoção de políticas que tenham por finalidade diminuir a desigualdade. Políticas afirmativas traduzem a ideia de que cabe à lei e também ao poder público interferir na desigualdade concreta[10].

E aqui, novamente, se sobressai o papel democrático e filantrópico desses núcleos de prática jurídica. É preciso garantir que a população mais desfavorecida e não raras vezes esquecida pelo Poder Público tenha voz e condições de chegar ao Poder Judiciário. Isso também é Justiça.

Como bem coloca Sadek, "qualquer óbice ao direito de acesso à justiça tem condições de provocar limitações ou mesmo de impossibilitar a efetivação dos demais direitos e, portanto, a concretização da cidadania, a realização da igualdade"[11].

Daí que o desenvolvimento, aprimoramento e estímulo das instituições de ensino sobre suas disciplinas práticas-processuais, em especial em seus núcleos de prática jurídica, é fundamental, pois a sociedade civil precisa fazer sua parte também e contribuir para práticas assim, numa verdadeira missão, não somente filantrópica, mas educacional[12].

E esse é um constante desafio social, acadêmico e educacional que se tem pela frente.

4. Considerações finais

Estas breves linhas servem como um ponto de partida. É preciso olhar criticamente o ensino jurídico, pois sempre há algo a se aspirar, algo a se melhorar e a se ajustar.

---

[10] SADEK, Maria Tereza Aina. Justiça e direitos: a construção da igualdade. *In*: BOTELHO, André; SCHWARCZ, Lilia Moritz (org.). **Cidadania, um projeto em construção**: minorias, justiça e direitos. São Paulo: Claro Enigma, 2012. p. 28-37.

[11] *Ibidem*, p. 28.

[12] Novamente Sadek bem pontua que "entre as organizações públicas estatais têm papel importante o Ministério Público, as Defensorias Públicas, as Delegacias de Polícia. No rol de instituições sociais, sobressaem entidades que exercem a advocacia pro bono, igrejas e uma série de associações não governamentais voltadas tanto para a educação em direitos como para a pacificação social. Nos últimos tempos, houve uma significativa difusão de meios e de canais que buscam a garantia de direitos e de solução de conflitos a partir da composição e da mediação" (*Ibidem*, p. 29).

A pandemia trouxe uma aceleração no *online*, dentre outros recursos tecnológicos até então não utilizados, ou utilizados muito pouco, em se tratando de ensino jurídico. Por outro lado, há que se ter cautela na compatibilização do ensino à distância com o que exige e se espera de um ensino jurídico de qualidade. Contudo, não se pode ficar alheio aos movimentos dinâmicos nesse sentido. No pós-pandemia precisamos refletir sobre isso.

A educação jurídica deve, sem dúvidas, sofrer correções de rumo e aperfeiçoamentos.

No âmbito das disciplinas práticas, em especial da ensinada por meio dos núcleos de prática jurídica, esse olhar e essa preocupação devem ser constantes. As instituições de ensino superior devem se abrir para a comunidade, fazer com que suas pesquisas e seus trabalhos ultrapassem os muros físicos de suas instalações. Não é diferente com o trabalho desenvolvido nos núcleos de prática jurídica, o qual reverte em favor da própria sociedade.

Daí que os núcleos de prática jurídica são extremamente importantes, primeiro pelo aspecto educacional, de formação acadêmica, profissional e pessoal do estudante, propiciando seu desenvolvimento, mediante o aprimoramento de competências inerentes à profissão.

Segundo, porque se revelam um instrumento de cidadania, propiciando aos mais desafortunados acessar ao Poder Judiciário para solução de seus problemas, defender-se quando acusados, e, não raras vezes, também criando e instigando métodos alternativos de solução de conflitos.

E assim os núcleos de prática jurídica, vinculados às instituições de ensino superior, transcendendo a função educação e filantrópica, propiciam a democratização do acesso à Justiça, permitindo aos mais vulneráveis que suas demandas sejam levadas ao Poder Judiciário, devendo ser sempre um dos focos principais de atenção das instituições superiores.

Referências

CERQUEIRA, Silvia Nascimento Cardoso dos Santos. Democratizando o acesso à Justiça. *In*: CONSELHO NACIONAL E JUSTIÇA (CNJ). **Democratizando o acesso à justiça**. Organização de Flávia Moreira Guimarães Pessoa. Brasília: CNJ, 2020. p. 83-88.

NÓVOA, António. Os professores e sua formação profissional: entrevista com António Nóvoa. [Entrevista cedida a] Maria Lúcia Resende Lomba e Luciano Mendes Faria Filho. **Educar em Revista**, Curitiba, v. 38, e88222, p. 1-10, 2022.

MENDES, Gilmar Ferreira; BRANCO, Paulo Gustavo Gonet. **Curso de direito constitucional**. 10. ed. São Paulo: Saraiva, 2015.

SADEK, Maria Tereza Aina. Justiça e direitos: a construção da igualdade. *In*: BOTELHO, André; SCHWARCZ, Lilia Moritz (org.). **Cidadania, um projeto em construção**: minorias, justiça e direitos. São Paulo: Claro Enigma, 2012. p. 28-37.

SEN, Amartya. **A ideia de justiça**. Tradução de Denise Bottmann e Ricardo Mendes. São Paulo: Cia. das Letras, 2011.

STRECK, Lênio Luiz. O BBB 24 e a reforma do ensino jurídico. **Consultor Jurídico**, São Paulo, 18 jan. 2024.

STRECK, Lênio Luiz. Por que os concursos e o ensino jurídico são os mesmos desde 1988? **Consultor Jurídico**, São Paulo, 11 abr. 2024.

O PAPEL DO ENSINO JURÍDICO NA SOCIEDADE DA INFORMAÇÃO

Ana Cláudia Redecker
Liane Tabarelli

Considerações Iniciais

O presente artigo é um convite à reflexão do papel do ensino jurídico na sociedade da informação[13] que, diante das mudanças na realidade social, tem-se deparado com um grau de incompletude para atender às necessidades sociais inerentes à estrutura social da atual era tecnológica.

Fruto de uma herança positivista, dizia-se que o juiz era unicamente a boca que pronunciava as palavras da lei. Isso não mais se verifica (ou não deve mais se verificar). Na atualidade, exige-se das autoridades julgadoras atuações cooperativas[14] a fim de se otimizar a concretização das normas constitucionais, e, em particular, dos direitos fundamentais. Nessa linha, fato inexorável é que a atividade judicial é, por excelência, interpretativa. Porém, inarredável também a realidade de que todos os atores que militam no mundo jurídico participam dessa tarefa e contribuem para esse mister hermenêutico, assim precisam desenvolver uma consciência ética responsável quanto à concretização de seu direito fundamental à informação.

---

[13] Sociedade da Informação, de acordo Catarine Gonçalves Acioli, é "um modelo global, marcada pela interferência direta das economias de todos os países que se encontram conectados à rede por ela criada, de modo que a importância dada aos limites territoriais, como ocorria em tempos anteriores, foi repensada pelo fato de as aludidas tecnologias afastarem as barreiras físicas entre os homens para fins de firmação de suas relações sociais" (Acioli, 2014, p. 249). Clériston *et al*. (2010, p. 49) utilizam a expressão "Sociedade do Conhecimento", que, para os autores, "pode ser conceituada como uma sociedade de livre circulação de dados, onde o ser tem a possibilidade de abstrair conhecimento para si, sem esquecer a base educacional que esta abstração requer. Como em toda a sociedade, há os dominantes – detentores da informação/conhecimento, e os dominados – pessoas desprovidas de acesso ou recursos de interpretação do conhecimento registrado".

[14] Lembre-se de que, por exemplo, com a adoção do Princípio da Cooperação no Art. 6.º, CPC/2015 para que o exercício do direito constitucional disposto no Art. 5.º LV, CF/88 (contraditório e ampla defesa) seja pleno e efetivo, exige-se do julgador condução proativa do feito, estimulando e facilitando o auxílio mútuo entre todos os envolvidos na relação jurídica processual para que, ao fim e ao cabo, consiga-se se obter uma prestação jurisdicional eficiente num prazo razoável. Foi exatamente em homenagem à composição amigável dos conflitos entre os litigantes e a duração razoável dos feitos em juízo (Art. 5.º, LXXVIII, CF/88), entre outros motivos, que o legislador processual civil de 2015 previu a implantação da audiência do Art. 334 na Lei n.º 13.105.

Os desafios do ensino jurídico na sociedade da informação implicam em ressignificar como os cursos de direito conduzem o processo educativo, em especial pelo fato de a tecnologia estar cada vez mais presente no dia a dia de todos. É necessário preparar os acadêmicos para exercerem seus direitos e deveres fundamentais no meio eletrônico, além de motivar uma visão crítica sobre esse meio a fim de poderem usufruir dos seus benefícios e se proteger dos seus riscos, o que somente será proporcionado a partir de uma educação em direitos humanos e em direitos fundamentais para uso das tecnologias da informação e comunicação[15].

Em razão disso, este artigo se propõe a refletir sobre a importância de se (re)pensar criticamente o ensino jurídico contemporâneo, tendo em vista que os estudantes de Direito, enquanto tais, já são coparticipes desse cenário interpretativo, auxiliando na evolução da Ciência Jurídica e na transformação da realidade social.

1. Do impacto da sociedade da informação nos cursos jurídicos

O surgimento da internet[16] e a utilização das tecnologias da informação e da comunicação marcaram o começo de um novo momento na história, sobretudo em razão do desenvolvimento tecnológico das formas comunicativas decorrente de seu progresso e das modificações nos âmbitos jurídico, econômico e social. Além disso, facilitou a produção de conhecimento e o acesso a um imensurável volume de informações.

A concepção de sociedade da informação se refere às transformações sociais derivadas da intensa utilização da internet, cujo cerne equivale à utilização da informação como bem jurídico relevante, apto a servir de critério para que as pessoas possam ser incluídas socialmente e para produção de conhecimento[17]. Permitindo, assim, conforme leciona Manuel Castells[18], "a comunicação de muitos com muitos, num momento escolhido, em escala global".

---

[15] ACIOLI, Catarine Gonçalves. **A educação na sociedade de informação e o dever fundamental estatal de inclusão digital.**a 2014. Tese (Doutorado em Direito) – Pontifícia Universidade Católica do Rio Grande do Sul, Porto Alegre, 2014.

[16] Segundo Danilo Doneda (2021), a internet é basicamente uma rede de computadores cujo funcionamento não depende de centros de controle hierarquizados.

[17] ACIOLI, 2014.

[18] CASTELLS, Manuel. **A galáxia da internet**: reflexões sobre a internet, os negócios e a sociedade. Rio de Janeiro: Zahar, 2003. p. 8.

O direito, no que lhe concerne, é um fenômeno que apenas atinge sua plena realização depois de ser aplicado à realidade da arquitetura social, cuja realidade é condicionada, em boa parte, pelo desenvolvimento tecnológico[19]. Ou seja, a "tecnologia deixou de ser vista como uma mera situação de fato, isolada de uma conjuntura, para ser um vetor condicionante da sociedade e, em consequência do próprio direito"[20].

Destarte, o direito na sociedade contemporânea está cada vez mais envolvido com questões ligadas ao mundo tecnológico e sua interpretação, particularmente, na sociedade da informação, em que surgem novas formas de organizações sociais que vêm mudando de maneira rápida, desenvolvendo, assim, um novo paradigma de sociedade[21].

Celso Antônio Pacheco Fiorillo e Mônica Tereza Mansur Linhares[22] afirmam que os cursos jurídicos, ao elaborarem seus currículos, não podem ignorar a importante dimensão de sentido dos novos ambientes em que as tecnologias atuais se desenvolvem, especialmente porque o acesso à tecnologia alterou o modo como tradicionalmente ocorria o aprendizado. Ou seja, até o advento da internet, o conhecimento estava pautado somente na modalidade presencial, o espaço e o tempo de ensinar eram determinados[23]. Assim, na sociedade da informação impõem-se novos ritmos e dimensões no modo de ensinar e aprender, pois a concepção de espaço e tempo da atuação discente e docente mudou.

Além disso, a tecnologia digital rompe com a narrativa contínua e sequenciada dos textos escritos para se apresentar como um fenômeno descontínuo[24]. Por isso, é fundamental exercer o direito de acesso à informação a partir de uma reflexão crítica, bem como compreender como lidar com a quantidade e diversidade de informações[25].

---

[19] DONEDA, Danilo. **Da privacidade à proteção de dados pessoais**: fundamentos da Lei Geral de Proteção de dados. São Paulo: Thomson Reuters Brasil, 2021. p. 49.

[20] *Ibidem*, p. 54.

[21] MARTINS, Rogério Vidal Gandra da Silva; DUTRA, Roberta de Amorim. Questões controversas sobre direito digital. *In*: PINHO, Anna Carolina (coord.). **Discussões sobre direito na era digital**. Rio de Janeiro: GZ Editora, 2021. p. 703-719. p. 703.

[22] FIORILLO, Celso Antônio Pacheco; LINHARES, Mônica Tereza Mansur. Educação jurídica e meio ambiente digital na sociedade da informação. *In*: SILVEIRA, Vladimir Oliveira; SANCHES, Samyra Haydêe Dal Farra Naspolini; COUTO, Mônica Bonetti (org.). **Educação jurídica**. São Paulo: Saraiva, 2013. p. 132.

[23] KENSKI, Vani Moreira. **Tecnologias e ensino presencial e a distância**. 9. ed. Campinas: Papirus, 2012. p. 29-30.

[24] *Ibidem*, p. 29-30.

[25] ACIOLI, 2014.

Atuar na sociedade informacional pressupõe estar conectado a uma rede e, por consequência, a ambientes virtuais de aprendizagem, que reduzem distâncias, estimulam e comprometem docentes, discentes e instituições. Ademais, aumentam interatividade e dinamismo ao processo de ensino-aprendizagem e permitem o estudo e a pesquisa contínuos[26].

Há várias ferramentas tecnológicas que o aplicador do direito pode utilizar para auxiliar suas tarefas diárias. A internet não pode ser vista somente como uma ferramenta de inovação tecnológica, mas, sim, como o centro de novas comunidades sociais e padrões de comunicação e circulação de informações.

No entanto, conforme leciona Danilo Doneda[27]:

> [...] a abordagem do desenvolvimento tecnológico pelo jurista ainda passa pela conscientização sobre seus efeitos, chegando à reflexão sobre o papel do ordenamento jurídico na promoção e devesa de seus valores fundamentais, em um cenário em boa parte determinado pela tecnologia – o que pode implicar, inclusive, reconhecer a insuficiência dos recursos jurídicos tradicionais para tal fim. Essa dificuldade, traduzida em desafio, pode se transformar em estopim para a tarefa de aproximar o ordenamento do novo perfil que assume a personalidade em uma sociedade que muda velozmente, na qual os centros de poder e o espaço para a atuação do direito na regulação social são menos evidentes.

É necessário ter presente que a tecnologia é um produto do homem e de sua cultura, destinada a relacionar-se com ele; assim, a convivência com essa imprevisibilidade é uma característica do nosso tempo[28]. Destarte, é imprescindível que o jurista adquira "consciência informática"[29], ou seja, um senso de responsabilidade sobre os novos problemas propostos pela tecnologia, pois um direito incapaz de compreender essa dinâmica perde contato com a realidade social e se torna precocemente obsoleto.

---

[26] SOUZA, Roberta Araújo de. **Ensino jurídico e a covid-19**: transformações atuais e pós-pandemia. Fortaleza: Unifor, [2020?].

[27] DONEDA, 2021, p. 52.

[28] *Ibidem*, p. 49.

[29] FROSINI, Vittorio. **Il diritto nella società tecnologica**. Milano: Giuffrè, 1981. p. 270.

2. Ensino jurídico e os desafios contemporâneos à interpretação do Direito

Iniciam-se estes apontamentos com o registro de que o instrumento de trabalho do jurista é a palavra. Seja ela escrita ou falada, fundamental é a tarefa interpretativa para o exercício desse mister.

Diante disso, na dicção de Freitas, *"jurista é aquele que, acima de tudo, sabe eleger diretrizes supremas*, notadamente as que compõem a tábua de critérios interpretativos aptos a presidir todo e qualquer trabalho de aplicação do Direito"[30].

Desse modo, o intérprete "contamina" os fatos e os direitos que lhe embasam o desenvolvimento do labor, sepultando o ideal kelseniano de pureza da Ciência[31].

Com isso, tem-se que, em verdade, o jurista não trabalha com direitos e fatos, e, sim, com versões dos direitos e versões dos fatos. Constroem-se, assim, versões dos direitos e versões dos fatos que sustentam uma demanda, as quais, inevitavelmente, carregam conotações valorativas, preconcepções e defesa de interesses desse intérprete.

Destarte, é necessário se atentar para as particularidades da aprendizagem, pois os acadêmicos de direito, apesar de possuírem conhecimentos e experiências prévios, se encontram em processo evolutivo, com capacidade de se adaptarem a novas formas de pensar, desde que consigam perceber a sua relevância, o que pode ser facilitado mediante uma metodologia de aprendizagem que auxilie essa percepção, do contrário haverá predomínio de apatia, evasão e desinteresse, ocasionando, consequentemente, resultados negativos na sua aprendizagem[32].

Oportuno, nessa linha, invocar os ensinamentos de Gadamer, para quem a verdade de um texto não estará na submissão incondicionada à opinião do autor nem só nos preconceitos do intérprete, senão na fusão dos horizontes de ambos, partindo do ponto atual da história do intérprete que se dirige ao passado em que o autor se expressou[33].

---

[30] FREITAS, Juarez. O intérprete e o poder de dar vida à Constituição: preceitos de exegese constitucional. **Revista do Tribunal de Contas do Estado de Minas Gerais**, Belo Horizonte, v. 35, n. 2, p. 15-46, abr./jun. 2000. p. 18.

[31] *Cf.* KELSEN, Hans. **Teoria pura do direito**. Tradução de João Baptista Machado. 5. ed. São Paulo: Martins Fontes, 1996.

[32] ACIOLI, 2014.

[33] Para maiores esclarecimentos, *cf.* GADAMER, Hans-George. **Verdad y método**. Traducción de Ana Agud Aparicio y Rafael de Agapito. Salamanca: Sígueme, 1977.

Assim, a real finalidade da hermenêutica jurídica é "encontrar o Direito" (seu sentido) na aplicação "produtiva" da norma, pois a compreensão não é um simples ato reprodutivo do sentido original do texto, senão, também, produtivo[34].

Portanto, está-se diante de incertezas. A visão do intérprete possibilita recortes diferenciados. A atividade interpretativa, como propõe Freitas[35], inexoravelmente envolve uma tarefa hierarquizante.

Veja-se que cada intérprete observa, pondera e hierarquiza distintamente, ao se estar diante de inúmeros princípios e regras que são potencialmente aplicáveis no caso concreto.

Logo, todo aquele que opera o Direito, na condição de acadêmico ou de profissional, sempre se dedica a compreender, delimitar, apreender, enfim, interpretar o sentido que as palavras podem adquirir em um texto. Interpretar é estabelecer o alcance de uma proposição, revelar o seu sentido.

Destarte, não obstante as contribuições de Kelsen[36] para a Ciência do Direito, atualmente, como referido, o Direito é "contaminado" por inúmeros axiomas, proposições valorativas, éticas, morais, entre outras, que, muitas vezes, representam o momento histórico e as prioridades de determinada sociedade. Ainda, partindo-se do contributo de Kelsen que estabelece o sistema jurídico com uma estrutura piramidal, em que a Lei das leis, isto é, a Constituição Federal, situa-se no topo desse sistema, a interpretação constitucional adquire significativa importância.

Nesse sentido, interpretar a Constituição significa, em última instância, dar concretude aos direitos fundamentais ali insculpidos. O Texto Maior prescreve os objetivos e fundamentos da República e todo o ordenamento jurídico infraconstitucional deve ser interpretado de modo a prestigiar os comandos constitucionais. Os direitos fundamentais ali prescritos devem ser prioridade absoluta de realização por parte dos agentes de um Estado que se intitula Democrático de Direito.

Catarine Gonçalves Acioli[37] leciona, *in verbis*:

---

[34] *Ibidem*, p. 366. Segundo Martins e Dutra (2021, p. 710), "a palavra hermenêutica deriva do grego 'hermeneuein' (interpretar) e 'hermeneia' (interpretação). Sua origem está relacionada ao Deus Hermes, filho de Zeus, que tinha por função ser o mensageiro dos deuses para os homens, vez que a linguagem dos deuses era ininteligível aos homens. Esse exercício de interpretação, compreensão e tradução realizado por Hermes deu origem ao exercício da hermenêutica."

[35] Nesse sentido, *cf.* FREITAS, Juarez. **A interpretação sistemática do direito**. 5. ed. São Paulo: Malheiros, 2010.

[36] KELSEN, 1996.

[37] ACIOLI, 2014.

A educação em direitos fundamentais vincula-se ao novo significado que se almeja atribuir à educação por possibilitar que as pessoas se conscientizem de seus direitos e suas responsabilidades no intento de agirem em prol de uma realidade social apta ao reconhecimento dos valores inerentes a uma vida digna. É por meio dela que a pessoa consegue se reconhecer como sujeito de direitos e deveres, bem como pode refletir sobre o contexto social a qual faz parte para que, dessa forma, possa formar-se cidadão. Ela representa uma evolução material no sentido de educação e, nos tempos atuais, tem sido requerida mais do que nunca.

Por outro lado, impera salientar, nesse estudo, que, ao almejar-se uma interpretação concretizante[38] dos preceitos e da axiologia constitucional presente, em particular, nos seus fundamentos, urge conhecer os vetores principiológicos contidos nela. O Direito atual, acompanhando os ensinamentos de Alexy[39], cuida de uma rede de princípios e regras. Essa teia de mandamentos, de densidades e hierarquias distintas, demanda intérpretes preparados para otimizar-lhes os comandos e produzir a máxima eficácia possível.

Constata-se, pois, a importância da tarefa interpretativa e sua complexidade na contemporaneidade. Inúmeros interesses a serem atendidos, compreensões divergentes, prioridades distintas dos mais diversos intérpretes. De qualquer modo, frise-se que o vetor maior para a interpretação constitucional que envolva direitos fundamentais deve ser, de modo imperativo, o resultado que produza as menores limitações ou restrições de forma a prestigiar, o quanto possível, sua maior eficácia possível.

Assinale-se que

Assim, devem ser interpretadas restritivamente as limitações, havendo, a rigor, regime unitário dos direitos fundamentais das várias gerações, donde segue que, no âmago, todos os direitos têm eficácia direta e imediata, reclamando crescente acatamento encontrando-se peremptoriamente vedados os retrocessos. Com efeito, uma vez reconhecido qualquer direito fundamental, a sua ablação e a sua inviabilização de exercício mostram-se inconstitucionais. Nessa ordem de considerações, todo aplicador precisa assumir, especialmente ao lidar com os direitos fundamentais, que

---

[38] *Cf.* HESSE, Konrad. **A força normativa da Constituição**. Porto Alegre: Sérgio Fabris Editora, 1991.

[39] ALEXY, Robert. **Teoria dos direitos fundamentais**. Tradução de Virgílio Afonso da Silva. São Paulo: Malheiros, 2008.

a exegese deve servir como energético anteparo contra o descumprimento de preceito fundamental, razão pela qual deve ser evitado qualquer resultado interpretativo que reduza ou debilite, sem justo motivo, a máxima eficácia possível dos direitos fundamentais. Em outras palavras, a interpretação deve ser de molde a levar às últimas consequências a 'fundamentalidade' dos direitos, afirmando a unidade do regime dos direitos das várias gerações, bem como a presença de direitos fundamentais em qualquer relação jurídica[40].

Há que se salientar também que, não obstante vários sejam – ou possam ser – os intérpretes constitucionais, ainda mais em se tratando de um Estado como o brasileiro, o qual admite o sistema difuso e concentrado de controle de constitucionalidade, o Judiciário tem a atribuição por excelência de realizar essa insigne tarefa.

Marcelo Figueiredo[41] ressalta o papel do Judiciário, por longa data, como garantidor dos direitos civis e da liberdade individual, no Estado de modelagem liberal, e o Estado Democrático e de Direito ao qual o Brasil se propõe a ser exige do Judiciário a tutela dos direitos sociais, sem que isso seja invasão da seara de competência dos demais poderes.

Entenda-se, ademais, que o Poder Judiciário, além de ser o Poder constitucionalmente consagrado para a interpretação constitucional, é aquele que deve possuir imparcialidade ao realizar a prestação jurisdicional. Embora não esteja ele comprometido com interesses como porventura pode ocorrer com o Executivo e Legislativo, deve, sim, haver uma atuação afirmativa das Cortes de Justiça no sentido da promoção dos direitos fundamentais quando de sua atuação. Nesse sentido, pois, não há que se falar em imparcialidade dos juízes que, antes e acima de tudo, devem ter compromisso constitucional.

Freitas já se manifestava nesse sentido em duas oportunidades distintas quando assevera que

> Ora, em face de ser o juiz o detentor único da jurisdição, surge o amplo e irrenunciável direito de amplo acesso à tutela jurisdicional como uma contrapartida lógica a ser profundamente respeitada, devendo ser proclamado este

---

[40] FREITAS, Juarez. O princípio da democracia e o controle do orçamento público brasileiro. **Revista Interesse Público**, Porto Alegre, v. 4, n. esp., p. 11-23, 2002.

[41] FIGUEIREDO, Marcelo. O controle das políticas públicas pelo Poder Judiciário no Brasil: uma visão geral. **Interesse Público**, Belo Horizonte, v. 9, n. 44, p. 27-66, jul./ago. 2007. p. 40.

> outro vetor decisivo no processo de interpretação constitucional: na dúvida, prefira-se a exegese que amplie o acesso ao Judiciário, por mais congestionado que este se encontre, sem embargo de providências inteligentes para desafogá-lo, sobretudo coibindo manobras recursais protelatórias e estabelecendo que o Supremo Tribunal Federal deva desempenhar exclusivamente as atribuições relacionadas à condição de Tribunal Constitucional, sem distraí-lo com tarefas diversas destas, já suficientemente nevrálgicas para justificar a existência daquela Corte[42].
>
> lmejo, finalmente, deixar consignado que se mostra indispensável apostar no Poder Judiciário brasileiro, em sua capacidade de dar vida aos preceitos ilustrativamente formulados e crer na sua fundamentada sensibilidade para o justo, razão pela qual insisto em proclamar que todos os juízes, sem exceção, precisam, acima de tudo, ser respeitados, fazendo-se respeitar, como *juízes constitucionais*[43].

Porém, além dos integrantes do Judiciário, importante sublinhar que a tarefa interpretativa constitucional e infraconstitucional é exercida, de forma concomitante e constante, também por milhares de estudantes de Direito, advogados, pareceristas, professores, cientistas do Direito, servidores, entre outros. Flagrante, pois, diante desse cenário, o fato de que todos esses agentes, de alguma maneira, interagem no sistema jurídico e contribuem com o aperfeiçoamento dele, incluindo o sistema estritamente legal.

Nesse passo, diante das considerações aqui tecidas, vislumbrando-se a importância da interpretação constitucional como instrumento de realização dos direitos fundamentais, bem como a relevância da tarefa do hermeneuta como um todo na seara jurídica, entende-se ser imprescindível (re)pensar criticamente o ensino jurídico no Brasil.

Veja-se que, na realidade hodierna, não mais é admissível que se compreenda a postura do intérprete – qualquer que seja ele – como um mero reprodutor de textos legais. É preciso que se formem seres com posturas éticas e crítico-reflexivas, muito além da estrita observância dos ditames legais. Para tanto, há que se investir, primeiro, em despertar o gosto pela leitura já na educação nas séries iniciais e durante todo o ensino

---

[42] FREITAS, 2000, p. 29-30.

[43] *Idem*, 2002, p. 4.

fundamental e médio do aluno. Quem muito lê bem escreve e desenvolve autonomia. Segundo, já nos bancos acadêmicos das Faculdades de Direito Brasil afora, imprescindível que dos discentes sejam exigidas atividades crítico-reflexivas, além dos compromissos tradicionais vinculados à aquisição de conhecimentos teóricos e à correlata aproximação deles com a prática forense. Nesse contexto, adequado, ademais, meditar sobre a forma de abordagem e questionamentos formulados nas Primeiras Fases de Concursos Públicos e Exame de Ordem, bem como no Enade.

Considerações finais

Após tais apontamentos, percebe-se flagrantemente que é essencial repensar o ensino de Direito na contemporaneidade, especialmente em razão das demandas sociais cada vez mais complexas e heterogêneas. A fim de se atender a tais reivindicações, é preciso que se dê a máxima eficácia aos direitos fundamentais por meio da tarefa interpretativa, cabendo esse mister a todos os que, de algum modo, atuam no mundo jurídico, sejam estudantes, estagiários, servidores, pesquisadores, docentes, advogados, mediadores, consteladores, juízes etc.

O que se espera do operador do direito não é exatamente um novo método ou um novo padrão, mas a consciência de que a relação dinâmica entre a sociedade e os valores em evolução ocorre permanentemente com as normas jurídicas. Cabe ao jurista a tarefa de atualizar os seus paradigmas interpretativos de acordo com uma reflexão sobre a relação entre o desenvolvimento tecnológico e a pessoa humana, buscando a harmonização dos poderes privados como elemento formador dessa estrutura[44].

Por isso, urge se (re)pensar criticamente o ensino jurídico no Brasil, tendo em vista que não é mais possível que os cursos de Direito se limitem a formar bacharéis que reproduzam única e simplesmente as palavras da lei quando de suas atuações profissionais. É fundamental construir mecanismos que confiram maior autonomia aos acadêmicos acrescendo ideias de criticidade, visto que é preciso instrumentalizá-los para uma exequibilidade no acesso à informação em razão das suas características na sociedade contemporânea.

O Estado Democrático de Direito brasileiro e a sociedade nacional, inseridos em um horizonte de "Constituição Cidadã" e de todas as

---

[44] DONEDA, 2021, p. 71.

perspectivas que disso decorrem, definitivamente, não se coadunam com posturas subservientes dos intérpretes do Direito, sejam eles quem forem. A necessária transformação perpassa, indubitavelmente, por alterações estruturais e pedagógicas no ensino jurídico, há muito reproduzido acriticamente.

Referências

ACIOLI, Catarine Gonçalves. **A educação na sociedade de informação e o dever fundamental estatal de inclusão digital**. 2014. Tese (Doutorado em Direito) – Pontifícia Universidade Católica do Rio Grande do Sul, Porto Alegre, 2014.

ALEXY, Robert. **Teoria dos direitos fundamentais**. Tradução de Virgílio Afonso da Silva. São Paulo: Malheiros, 2008.

CASTELLS, Manuel. **A galáxia da internet**: reflexões sobre a internet, os negócios e a sociedade. Rio de Janeiro: Zahar, 2003.

DONEDA, Danilo. **Da privacidade à proteção de dados pessoais**: fundamentos da Lei Geral de Proteção de dados. São Paulo: Thomson Reuters Brasil, 2021.

FIGUEIREDO, Marcelo. O controle das políticas públicas pelo Poder Judiciário no Brasil: uma visão geral. **Interesse Público**, Belo Horizonte, v. 9, n. 44, p. 27-66, jul./ago. 2007.

FIORILLO, Celso Antônio Pacheco; LINHARES, Mônica Tereza Mansur. Educação jurídica e meio ambiente digital na sociedade da informação. *In*: SILVEIRA, Vladimir Oliveira; SANCHES, Samyra Haydêe Dal Farra Naspolini; COUTO, Mônica Bonetti (org.). **Educação jurídica**. São Paulo: Saraiva, 2013, p. 129-163.

FREITAS, Juarez. **A interpretação sistemática do direito**. 5. ed. São Paulo: Malheiros, 2010.

FREITAS, Juarez. O intérprete e o poder de dar vida à Constituição: preceitos de exegese constitucional. **Revista do Tribunal de Contas do Estado de Minas Gerais**, Belo Horizonte, v. 35, n. 2, p. 15-46, abr./jun. 2000.

FREITAS, Juarez. O princípio da democracia e o controle do orçamento público brasileiro. **Revista Interesse Público**, Porto Alegre, v. 4, n. esp., p. 11-23, 2002.

FROSINI, Vittorio. **Il diritto nella società tecnológica**. Milano: Giuffrè, 1981.

GADAMER, Hans-George. **Verdad y método**. Traducción de Ana Agud Aparicio y Rafael de Agapito. Salamanca: Sígueme, 1977.

HESSE, Konrad. **A força normativa da Constituição**. Porto Alegre: Sérgio Fabris Editora, 1991.

KELSEN, Hans. **Teoria pura do direito**. Tradução de João Baptista Machado. 5. ed. São Paulo: Martins Fontes, 1996.

KENSKI, Vani Moreira. **Tecnologias e ensino presencial e a distância**. 9. ed. Campinas: Papirus, 2012.

MARTINS, Rogério Vidal Gandra da Silva; DUTRA, Roberta de Amorim. Questões controversas sobre direito digital. *In*: PINHO, Anna Carolina (coord.). **Discussões sobre direito na era digital**. Rio de Janeiro: GZ Editora, 2021. p. 703-719.

RAMOS, Clériston Ribeiro *et al*. Educação e informação na sociedade do conhecimento no século XXI: algumas considerações acerca dos mediadores da informação. **Cad. Mar. Educ.**, Porto Alegre, v. 6, p. 47-51, jun. 2010.

SOUZA, Roberta Araújo de. **Ensino jurídico e a covid-19**: transformações atuais e pós-pandemia. Fortaleza: Unifor, [2020?].

ADAPTABILIDADE E RESILIÊNCIA DOS EDUCADORES NA MIGRAÇÃO DO ENSINO PRESENCIAL PARA O ENSINO *ONLINE* NO CONTEXTO PANDÊMICO E SEUS REFLEXOS

Adelmo Germano Etges
Colaboradoras: Adriana Hartmann e Rubiane Severo

Considerações Iniciais

O presente arrazoado apresenta considerações sobre a adaptabilidade e resiliência dos educadores na migração do ensino presencial para o ensino *online* durante a pandemia do Covid-19, com enfoque em educadores brasileiros, especialmente de instituições de ensino superior e especificamente dos educadores que atuam em uma universidade comunitária de Porto Alegre, RS.

Trata-se de trabalho descritivo, exploratório e de cunho documental que se fundamenta em estudos realizados sobre o tema, com o objetivo de investigar os impactos que a pandemia causou na atividade docente e seus reflexos na qualidade e integralidade da aprendizagem.

Para fundamentá-lo, utilizaram-se autores na área da tecnologia, identificando os preceitos sobre tecnologias *online* e suas ambiências e implicações, pois, fundamentalmente, a migração das aulas presenciais para a modalidade emergencial *online* foi calcada em várias tecnologias, cujas abrangências e impactos exigiriam esforço, adaptabilidade, resiliência e superação para haver uma continuidade dos processos de ensino e de aprendizagem sem que se rompessem elos e, especialmente, a qualidade do conhecimento frente a esse universo de mudanças repentinas e inesperadas.

Os efeitos da pandemia no cenário educacional, com vistas à continuidade dos processos de ensino e de aprendizagem, exigiram dos educadores ações rápidas, migrando do sistema tradicional de aulas presenciais para aulas em modalidade *online*, tendo por base diversas plataformas tecnológicas que permitiram a interação, a mediação e a construção do conhecimento.

Por outro lado, se verá que entre os profissionais mais afetados pela pandemia constam os educadores e que a resiliência, adaptabilidade e o seu novo protagonismo os colocaram em novas perspectivas como sujeitos de transformação pessoal e profissional, manuseando tecnologias e novas práticas pedagógicas, com vistas a garantir a continuidade dos processos de ensino e de aprendizagem e a formação acadêmico-profissional dos estudantes universitários.

Também se analisará uma importante questão sobre o avanço da oferta de cursos de graduação *online* e a evolução das matrículas nessa modalidade de ensino, incluindo o do Direito e suas percepções perante os órgãos reguladores e que impactos poderá gerar no meio acadêmico e profissional.

Ao longo do capítulo, serão trazidas as experiências docentes, inclusive deste autor, vivenciadas durante e após a pandemia no processo de ensino e de aprendizagem jurídico, realizado em um curso de Direito de uma instituição privada e comunitária de Ensino Superior na cidade de Porto Alegre (RS).

1. Cenário da pandemia e seus reflexos

O mês de março de 2020 entrará para a história mundial como o mês que mudou a vida da coletividade social da aldeia global, impactando todos os segmentos, seja no mundo do trabalho, empresas, escolas, universidades, famílias, comunidades, governos, estabelecimentos e instituições, não importando se entes privados ou públicos.

A pandemia do Covid-19, iniciada na China no final do ano de 2019, rapidamente se tornou uma questão de saúde pública mundial, envolvendo os diversos segmentos da sociedade, todos atuando de forma a diminuir a expansão e os efeitos que a transmissão por um vírus poderia causar. Inicialmente, o problema situou-se com mais força e propriedade nos países do Extremo Oriente, como China, Coreia do Sul e Japão. Em seguida, começaram a surgir os primeiros casos em vários países da Europa, sendo que o maior pico e número de pessoas infectadas ocorreu no norte da Itália, em cidades como Milão e Florença.

Noticiava-se que a propagação e o contágio eram muito céleres, sendo que seriam necessárias medidas prévias e urgentes para evitar o alastramento da doença e o contágio em massa das pessoas. Antes de tudo, era preciso preparar os hospitais, os sistemas públicos de saúde, as UTIs e todo o arcabouço médico e sanitário para enfrentar da melhor forma os tempos difíceis que se avizinhavam.

Tedros Adhanom, diretor geral da Organização Mundial de Saúde (OMS), declarou no dia 11 de março de 2020 que a entidade elevou o estado da contaminação para o nível de pandemia de Covid-19, doença causada pelo novo coronavírus.

No Brasil, a doença chegou no final de janeiro de 2020. Aquilo que parecia distante aproximou-se com uma velocidade galopante e várias medidas foram tomadas com o objetivo de "achatar a curva" dos casos infectados. Ainda sem uma clareza coletiva de como deveriam se organizar, órgãos governamentais passaram a orientar sobre os procedimentos que deveriam ser adotados, modificando inclusive a legislação trabalhista e educacional.

Somente as atividades essenciais foram mantidas, sendo que os meios de comunicação divulgavam a cada instante que quem poderia ficar em casa deveria permanecer em casa, como forma de evitar a propagação do vírus. A utilização de máscara no rosto passou a ser obrigatória em todos os ambientes, inclusive ao ar livre, houve restrição de circulação de pessoas e a campanha para a constante higienização das mãos foi fortemente estimulada. As compras de supermercados e qualquer objeto tocado por outra pessoa deveria passar por processo céptico, de passar álcool em gel, de modo a desinfectar eventual local de contaminação.

Como não se conhecia nenhum tratamento adequado para combater o vírus, algumas experiências médicas foram feitas, mas sem resultados comprovados. Imediatamente, cientistas e grandes redes fabricantes de medicamentos do mundo passaram a buscar o sequenciamento genético do vírus, com a finalidade de criar uma vacina capaz de barrar a propagação do vírus e proteger a população.

Igualmente, prepararam-se medidas de emergência, hospitais de campanha e toda sorte de medidas, mas o vírus foi muito mais implacável e letal que os órgãos governamentais e de saúde do mundo inteiro conseguiram se organizar e fazer frente a essa avassaladora doença.

Havia muitas preocupações com os idosos e com as crianças e jovens. Entre os públicos que mais sentiram os efeitos do vírus, as pessoas idosas e com comorbidades médicas foram as mais atingidas. Por isso, tratou-se de orientar governos, empresas, universidades e escolas de como deveriam proceder diante de um cenário de absoluta incerteza, de pânico e medo.

Em nível mundial, era a Organização Mundial da Saúde (OMS) quem monitorava a evolução da pandemia em todo o mundo, divulgando informações sobre o número de infectados e de mortos em cada país, bem como orientava sobre recomendações para a população proteger-se.

No Brasil, diante das informações da OMS sobre as medidas que deveriam ser adotadas para a área do campo educacional, em 17 de março de 2020, o Ministério da Educação (MEC), pela Portaria n.º 343, autorizou, em caráter excepcional, a substituição de aulas presenciais em estabelecimentos de ensino por aulas que utilizassem meios e tecnologias de informação *online*, amparando a continuidade dos processos de ensino e de aprendizagem.

Segundo o MEC, o objetivo era manter a rotina de estudos, esclarecendo que as instituições não seriam obrigadas a ofertar aulas remotas e poderiam optar por suspender as atividades acadêmicas presenciais e, caso isso ocorresse, as aulas deveriam ser integralmente repostas posteriormente[45].

Ato contínuo, instituições escolares e educadores entraram em uma frenética corrida em busca de estratégias para dar continuidade aos processos de ensino e de aprendizagem, com o cuidado de que não implicassem em mudanças significativas, tendo-se percebido que a adoção das tecnologias educacionais emergenciais ocorreu em larga escala na educação privada e, em menor escala, na rede de educação pública.

Ainda, sobre as atualizações advindas do MEC, no dia 28 de abril daquele ano, o Conselho Nacional de Educação aprovou as diretrizes para orientar escolas da educação básica e instituições de ensino superior durante a pandemia, trazendo encaminhamentos para todas as etapas de ensino nos estados e municípios sobre as práticas que deveriam ser adotadas durante a pandemia, além de propor normas nacionais gerais[46].

Diante desse cenário, surgiram inúmeras perguntas, sem que tivesse ou houvesse respostas imediatas, especialmente relacionados aos impactos que a pandemia causaria no cotidiano das universidades, dos educadores e dos estudantes. A migração para ambientes virtuais garantiria a continuidade da qualidade da aprendizagem? Os ambientes virtuais e os novos recursos poderiam auxiliar o educador no seu fazer pedagógico e

---

[45] BRASIL. Ministério da Educação. **CNE aprova diretrizes para escolas durante a pandemia**. Brasília: MEC, 28 abr. 2020.

[46] *Ibidem.*

como ele se percebia em meio a um ambiente em que havia muito mais dúvidas do que respostas?

2. Ressignificação das ferramentas de comunicação educacional e suas práticas, adaptações, acessibilidade e dificuldades

Segundo Lévy[47], a internet é caracterizada por uma rede de computadores interligados e que permite às pessoas utilizarem redes sociais e obterem comunicação virtual *online* em tempo real, fascinando quem já adentrou ao espaço cibernético na conjuntura atual, que, segundo o autor, já previa que essa importância se ampliaria para o campo da Educação. Além disso, Martins[48] afirma que

> Em tempos de consolidação e evolução do cenário digital, a Educação é passível de readequação, remixagem e rearranjo, pois seu sistema, pelo menos no que tange ao ensino formal, continua pautado nos moldes da era industrial. Não significa que devemos descartar toda a construção feita até hoje, mas sim que mudanças, a partir do que já existe, são necessárias e devem contemplar os currículos e as práticas pedagógicas.

Percebe-se que há uma tendência de mudança no modelo educacional. As tecnologias digitais estão cada vez mais presentes nos sistemas de ensino e sempre foram utilizadas mais como apoio ao ensino presencial do que propriamente tendo um papel protagonista e central nas ações educativas e práticas docentes.

Cabe destacar, porém, que toda mudança exige planejamento e tempo para ser adequada. Martins[49] ressalta que a formação docente inicial não fornece subsídios suficientes para que os educadores possam atuar nesses espaços educacionais diferenciados e deve haver uma formação continuada dos docentes para que a cultura digital seja implementada de forma gradual nos ambientes educacionais.

---

[47]   LÉVY, Pierre. A emergência do cyberspace e as mutações culturais. *In*: PELLANDA, Nize Maria Campos; PELLANDA, Eduardo Campos (org.). **Ciberespaço**: um hipertexto com Pierre Lévy. Porto Alegre: Artes e Ofícios, 2000. p. 12-20. p. 13.

[48]   MARTINS, Cristina. **Práticas pedagógicas remixadas**: possibilidades de estratégias docentes alinhadas a tendências emergentes da cultura digital. 2020. Tese (Doutorado em Educação) – Pontifícia Universidade Católica do Rio Grande do Sul, Porto Alegre, 2020. p. 19.

[49]   *Ibidem*, p. 148.

Devido à ameaça à saúde das pessoas e a seus reflexos sociais, conjugados com as necessárias demandas preventivas para o enfrentamento da Covid-19, escolas e universidades, inclusive naquela em que este pesquisador atua no ensino jurídico do curso de Direito e como gestor, não tiveram tempo para se adequarem e prepararem seus educadores para uma modalidade de ensino não presencial e que fosse estruturada exclusivamente nas plataformas digitais.

Assim, surgiu a necessidade de avaliar e apresentar, em tempo recorde, os caminhos que precisavam ser percorridos, tomar decisões e trazer soluções de como continuar os processos de ensino e de aprendizagem, com vistas a manter e garantir níveis adequados, ainda que os públicos diretamente envolvidos pouco ou nenhum convívio tivessem com essa realidade virtual, nessa magnitude e abrangência.

Esse universo de urgências envolveu os gestores educacionais, tendo-se buscado caminhos com abrangência coletiva e individualizados por instituições, redes de ensino ou unidades isoladas, cada qual tentando encontrar os melhores caminhos para dar sequenciamento ao ano letivo escolar que recém se iniciara.

Para que não houvesse prejuízo no processo educacional ou, ainda, para que os impactos na aprendizagem dos estudantes fossem minimizados, a maioria das escolas e universidades, especialmente as da rede privada, optou por seguir com as atividades docentes utilizando o ensino *online*, inicialmente chamado de remoto e emergencial.

Destaca-se, contudo, que não estava claro que essa modalidade era um ensino emergencial, em que cada professor se adaptou de uma forma, em um curto espaço de tempo. Mas, na medida em que foi se desenvolvendo, percebeu-se que não se tratava de uma nova modalidade de educação a distância, mas talvez mais proximamente de uma metodologia de ensino híbrido, com olhar a distância adaptado do presencial.

Para apoiar escolas, universidades e educadores começaram a elaborar um plano de contingência, ferramentas de comunicação e materiais que foram divulgados pelas principais plataformas de gestão de aprendizagem. Nesse momento, tornou-se essencial o uso das tecnologias para manter a interação humana, não apenas para o conteúdo escolar, mas também para criar uma rede de apoio psicossocial[50].

---

[50] ROCHA, Lucas. Como as escolas estão usando tecnologia para enfrentar o coronavírus. *In*: CANAL TECH. São Bernardo do Campo: Unilogic Media Group, 17 mar. 2020.

Assim, o primeiro caminho adotado foi pela continuidade ao atendimento dos processos de ensino e de aprendizagem com a migração das aulas presenciais para as aulas por via *online*, utilizando-se dos meios existentes, como, por exemplo, as Plataformas Moodle, Teams e Zoom, esta até então desconhecida nos ambientes das escolas e universidades, e outras formas de comunicação virtual.

Para esse cenário, especialmente na área da educação, se aplica um pensamento de Edgar Morin (2006) ao referir que ensinamos a navegar pelo oceano da incerteza apoiados em arquipélagos de certezas. Nesse caso, as incertezas são os alcances das tecnologias educacionais utilizadas para suprir e manter o ensino; e os arquipélagos de certeza são os educadores dispostos a dar o melhor de si, especialmente pelo domínio e conhecimento dos conteúdos para equacionar a situação, mesmo que pudesse lhes faltar a fluência digital.

Diante das adaptações, era necessário destacar que não poderíamos confundir ensino remoto de emergência com aprendizagem *online*, o que vem ao encontro do estudo realizado por Hodges *et al.*[51]. Eles afirmam que as experiências de aprendizado *online* bem planejadas são significativamente diferentes de estudos oferecidos *online* em resposta a uma crise ou desastre:

> Mobilizar o ensino on-line pode permitir a flexibilidade de ensinar e aprender em qualquer lugar, porém mesmo que as equipes de suporte estejam, geralmente, disponíveis para ajudar os educadores, não poderão oferecer o mesmo nível de suporte a todos em uma janela de preparação tão estreita para que os educadores possam improvisar soluções rápidas e em circunstâncias que não são ideais[52].

Logo, o entendimento e a aceitação do espaço virtual como contraposição aos espaços tradicionais indicam para a diminuição ou atenuação das restrições existentes na questão da interatividade e da informação, uma vez que nesses espaços tradicionais encontramos a marcante presença de programas e currículos definidos *a priori,* assim como a questão fechada de calendários não flexíveis, limitações que atingem as condições físicas

---

[51] HODGES, Charles *et al.* **The difference between emergency remote teaching and online learning**. USA: Educause, mar. 27, 2020.

[52] *Ibidem.*

e mentais do educando, nível de conhecimento estabelecido e mesmo faixa etária condicionante[53].

Ainda tratando das contraposições entre as duas modalidades de ensino, Kenski diz que:

> [...] em todos os níveis formais de escolaridade são costumeiras as divisões do ensino nestes três tempos [ouvir e ler – pensar, discutir – fazer]. Há um momento para ensinar (professor falar e o aluno ouvir), um outro de aprender (memorizar, refletir ou discutir, se posicionar) e um outro ainda de fazer (muitas vezes confundido pela "escola" com expor ou simular a atividade, em exercícios, prova ou teste), ou seja, utilizar o aprendido no tempo real da necessidade[54].

Isso assegura o caráter diferenciado do EAD, ao enfocar a dimensão educacional sob nova proposta, que objetiva fazer uso do conceito de "Inteligência Coletiva", proposto por Lévy[55] e também estudado por Kerckhove[56], sob a concepção de inteligências conectadas, em que o uso associativo das inteligências, fazendo uso de processos de comunicação e tecnologias em rede, desloca a estrutura tradicional e formal para outra dimensão educacional com nuance particularizada e específica a cada aprendente.

Esses aspectos, se considerados, poderiam ser positivos no uso das ferramentas de comunicação e, além disso, muitas situações precisariam ser repensadas no sentido de um melhor aproveitamento do tempo e de espaços físicos.

Na verdade, percebeu-se que havia uma nova forma de resolverem-se situações de emergência, sendo que a pandemia serviu para que exemplos fossem copiados de uma realidade para a outra, criando uma inteligência coletiva, em que todos souberam buscar proveitos e inspirar soluções. A Inteligência Coletiva, como colocado por Lévy[57], é *"uma inteligência*

---

[53] KENSKI, Vani Moreira Processos de interação e comunicação mediados pelas tecnologias. *In*: ROSA, Dalva E. Gonçalves; SOUZA, Vanilton Camilo (org.). **Didática e práticas de ensino**: interfaces com diferentes saberes e lugares formativos. Rio de Janeiro: DP&A, 2002.

[54] *Ibidem*, p. 257.

[55] LÉVY, Pierre. **Cibercultura**. Rio de Janeiro: Editora 34, 1999.

[56] KERCKHOVE, Derrick. **A pele da cultura**: uma investigação sobre a nova realidade eletrônica. Lisboa: Relógio D'Água Editores, 1995.

[57] LÉVY, 2003, p. 28 *apud* BEMBEM, Angela; COSTA, Plácida. Inteligência coletiva: um olhar sobre a produção de Pierre Lévy. **Perspectivas em Ciência da Informação**, Belo Horizontes, v. 18, n. 4, p. 139-151, out./dez. 2013.

distribuída por toda parte, incessantemente valorizada, coordenada em tempo real, que resulta em uma mobilização efetiva das competências".

Diante das múltiplas iniciativas, percebidas por todos, relacionadas, dentre outras, à solidariedade das pessoas de todas as classes, formações, profissões e saberes, se dispondo ao compartilhamento de seus conhecimentos em favor do outro, a fim de contribuir com o bem-estar das pessoas durante a pandemia, torna seguro dizer e afirmar que estávamos, talvez de forma nunca vista antes, em um momento ímpar de fortalecimento da Inteligência Coletiva, ou seja, fez-se necessário, por parte de cada um, a tentativa de coexistir no ambiente colaborativo que a internet nos possibilitou, arraigando ganhos para a coletividade social.

Porém, outro entrave para o processo de educação *online* destacou-se nesse cenário: o acesso ao mundo virtual por parte de todos os estudantes. Por ocasião da explosão de casos de contaminações de pessoas por Covid-19 em todo o planeta e na medida em que as aulas seriam mantidas de alguma forma, percebeu-se as profundas desigualdades socioeconômico-culturais presentes na sociedade. Naquela conjuntura, nem todos tinham e têm acesso aos meios virtuais, embora o telefone celular seja de uso em larga escala, mas o acesso à rede mundial tem muitas limitações, especialmente de velocidade de rede, pacotes de serviços, tendo muito mais dificuldades em municípios do interior e rincões do Brasil afora, especialmente ao se analisar a situação socioeconômica das famílias brasileiras.

Mas como seria garantida a continuidade do ensino e da aprendizagem para todos os estudantes se havia um contexto altamente díspar entre as várias redes de ensino? Como garantir que todos pudessem ter as mesmas condições e acessos e, por consequência, a continuidade do direito fundamental à educação? A Constituição Federal, no seu Art. 205, diz que:

> A educação, direito de todos e dever do Estado e da família, será promovida e incentivada com a colaboração da sociedade, visando ao pleno desenvolvimento da pessoa, seu preparo para o exercício da cidadania e sua qualificação para o trabalho[58].

Governos, entidades e instituições trataram de pensar em como garantir esse direito a todos. Além disso, não bastava oferecer qualquer educação. A Constituição Federativa do Brasil, em 1988, diz que:

---

[58] BRASIL. [Constituição (1988)]. **Constituição da República Federativa do Brasil de 1988**. Brasília: Presidência da República, 1988. Disponível em: http://www.planalto.gov.br/ccivil_03/constituição/Constituicao-Compilado.htm. Acesso em: 15 abr. 2020.

> O país precisa de educação que promova o desenvolvimento de novas habilidades e competências para enfrentar os novos tempos, que não se restringem simplesmente a questões vinculadas às descontinuidades tecnológicas[59].

Quando falamos em educação, como direito para todos, devemos estar cientes de que nem todos os estudantes do país têm acesso a computadores e à internet de qualidade. Segundo dados da Agência Brasil[60], no Brasil, 4,8 milhões de crianças e adolescentes, na faixa de 9 a 17 anos, não têm acesso à internet em casa, correspondem a 17% da população dessa faixa etária.

Diante desse cenário, evidenciou-se que as desigualdades socioeconômicas se tornaram ainda mais abrangentes na migração de aulas presenciais para as plataformas digitais, restando claros os prejuízos à aprendizagem para os estudantes que não tinham acesso às tecnologias, falando-se até em ano escolar perdido.

Em entrevista à Organização das Nações Unidas para Educação, Ciência e Cultura (Unesco)[61], Stefania Giannini, diretora-geral adjunta de Educação, falou sobre a dificuldade da aprendizagem *online*, longe das escolas, principalmente para aqueles que não têm acesso aos meios digitais:

> A aprendizagem em casa, por si só, pode ser uma fonte de estresse para as famílias e os estudantes, pois força todos a assumir novas responsabilidades, às vezes, com tempo ou recursos limitados. Além disso, muitas crianças sofrem de ansiedade e não têm acesso à internet ou a outros meios necessários para se beneficiar do ensino à distância. Algumas crianças mais velhas ficam estressadas pelos meses passados sem aulas, pois precisam cuidar de crianças menores em casa enquanto seus pais ou responsáveis estão trabalhando. Os pais ou responsáveis que não possuem o mesmo nível de escolaridade, que não falam a língua principal do ensino no país, ou ainda que têm filhos com necessidades educacionais especiais, enfrentam desafios ainda mais complexos.

---

[59] *Ibidem.*

[60] Agência pública de notícias que mantém, como todos os veículos da Empresa Brasil de Comunicação, o foco no cidadão e prima pelo interesse público, honestidade, precisão e clareza das informações que transmite.

[61] Agência das Nações Unidas que atua nas seguintes áreas de mandato: Educação, Ciências Naturais, Ciências Humanas e Sociais, Cultura e Comunicação e Informação.

Percebemos, portanto, a dificuldade que os indivíduos enfrentaram nesse tempo de pandemia, cabendo destacar que a pessoa do educador pode ter sido uma das mais afetadas, tendo sido motivo de vários estudos especializados de renomados psicólogos, com artigos publicados em conceituadas revistas, como, por exemplo, "Cartilhas de Home Office em Tempos de Pandemia: O que você precisa saber para trabalhar bem e com saúde" e "Guia para trabalhadores e gestores sobre o redesenho do trabalho em tempos de pandemia".

3. Impactos e desafios na vida dos educadores

Segundo dados da Unesco, a maioria dos governos de todo o mundo fechou as instituições educacionais na tentativa de conter a pandemia da Covid-19, o que provocou impacto quase que imediato em mais de 90% da população estudantil do mundo[62]. Invariavelmente, com o avanço da doença, toda a população foi afetada, com maior abrangência na Europa, na América do Norte, Central e Sul, com variações na Ásia e na África.

Dada essa situação, em que as aulas presenciais foram suspensas em todo o planeta, não se tinha clareza sobre os *impactos e desafios que os isolamentos sociais advindos do coronavírus teriam na vida dos educadores e dos estudantes.*

À medida que a Covid-19 se espalhou pelo mundo e a ameaça de uma recessão econômica se materializava, a maioria dos gestores e educadores concentrou-se na principal tarefa imediata, qual seja, de preparar-se para ensinar e apoiar educadores e estudantes de forma remota, entre eles e entre os estabelecimentos de ensino.

Vários estudiosos do tema, como *Michael B. Horn*[63], *acreditavam que haveria* significativos impactos na educação no longo prazo. As maiores mudanças poderiam ocorrer nas ligações entre o ensino básico, a educação superior e a educação profissionalizante. Soares[64], por sua vez, revelou que muitas coisas no mundo, de fato, sofreram uma deflexão no seu percurso natural, começando pelos hábitos de higiene que mudamos para não espalhar ainda mais a doença e passando pela nossa própria saúde

---

[62]   UNESCO, 2020.

[63]   HORN, Michael B. Michael B. Horn: OS IMPACTOS DE LONGO PRAZO da covid-19 na educação. *In*: **Desafios da Educação**. Porto Alegre: Plataforma A, 26 mar. 2020.

[64]   SOARES, Francisco. COVID-19: impactos sobre a educação. *In*: **Cidade Verde**. Teresina: TV Cidadfe Verde, 28 abr. 2020.

mental, afetada pelo isolamento que, para nosso alento, foi minimizada pelo uso de tecnologias de comunicação e que permitiu conversar com parentes, fazer reuniões de trabalho, ministrar aulas e atuar de forma *online* e plugada com os estudantes, em tempo real.

3.1 Desafios e necessidades diante do novo cenário

Tornou-se imperativo um novo olhar para os desafios que surgiram repentinamente, sem aviso prévio, exigindo da pessoa dos educadores e dos estudantes uma adequação e adaptação imediata a uma nova realidade de ensinar e de aprender. Efetivamente, observou-se de forma empírica e prática que, de fato, entre os maiores desafios que foram postos aos educadores estava o de ensinar por meio de plataformas e usando recursos de comunicação para tentar mitigar o pior no combate à doença, que foi a falta de contato interpessoal.

A literatura relata que estudos sobre os impactos do uso das tecnologias computacionais na educação são muito vastos. Vários são os focos de análise que classificam a produção em diversas categorias, tais como relatos de experiências sobre a aplicação pedagógica dos computadores, reflexões teórico-filosóficas acerca dos efeitos dessa tecnologia e apresentação de novos produtos tecnológicos para a educação[65].

O estudo de Alberto Sobrinho[66] já identificava algumas dificuldades em relação às experiências de educadores com a informática educativa, como a de se sentirem intimidados no contato com os computadores e desconfortáveis perante os alunos que possuem experiência nos recursos computacionais e dedicam sistematicamente longos períodos dos seus dias ao seu aperfeiçoamento.

Assim, diante desse cenário emergencial e de migração para plataformas *online*, boa parte dos educadores se viu diante de desafios que até então não faziam parte do seu cotidiano, ou seja, lidar com as novas ferramentas e navegar em espaços tecnológicos em que não tinham total domínio, tendo gerado medo, angústias, sensação de inoperância e incapacidades, mas que deveriam ser superadas de alguma forma.

---

[65] ABREU, Rosane de Albuquerque dos Santos; NICOLACI-DA-COSTA, Ana Maria. Internet: um novo desafio para os educadores. **Paidéia**, Ribeirão Preto, **v.** 13, n. 25, p. 27-40, 2003.

[66] ALBERTO SOBRINHO, Carlos. **Informática no ensino fundamental**: uma leitura de percepções docentes. **1997**. Dissertação (Mestrado em Educação) – Pontifícia Universidade Católica do Rio de Janeiro, Rio de Janeiro, 1997.

Em meio à crise, Bastos e Boscarioli[67] dizem que:

> O que vemos hoje são professores angustiados, tentando produzir conteúdos em formatos até então não [ou pouco] explorados, sem a certeza de sua efetividade e se alcançarão todo o seu alunado. Mesmo que estejamos pensando em conteúdos de acesso remoto e temporário, e não na concepção complexa da modalidade de Educação a Distância, vê-se que há uma lacuna na formação e prática desses professores.

Ressalta-se ainda que houve impactos não só nas atividades profissionais, mas também pessoais. O trabalho docente passou a ser via *home office*, sem a necessidade de ir até o local de trabalho. Essa também foi uma quebra na rotina, pois o docente passou a ficar integralmente em casa, também dedicando atenção aos trabalhos domésticos e à família, ao mesmo tempo.

Essas situações impactaram a vida das pessoas e ainda não se têm claro o nível, a abrangência e possíveis consequências advindas desse momento histórico, especialmente pelos conflitos internos e emocionais que a pandemia gerou para os educadores e como enfrentaram tamanho desafio.

O que se vê em muitos locais é que os estudantes apresentam as mais variadas defasagens, desde organização, disciplina e hábitos de estudos, como também educadores repensando sua prática pedagógica e o seu fazer docente, com boa parcela deles não mais querendo continuar o exercício do magistério, estando em busca de novos caminhos e significados para a sua vida. Por outro lado, é verdade que na educação, especialmente na superior, a pandemia obrigou a antecipação de soluções educacionais em pelo menos uma década, especialmente na modalidade de oferta do ensino, passando-se a admitir em maior grau a possibilidade de cursos de graduação, mestrado e doutorado totalmente *online*, cuja situação ainda está a merecer avaliações e experiências mais aprofundadas.

4. Percepções na vida, trabalho e cotidiano dos educadores

Em meio ao cenário da pandemia, o Instituto Península[68] realizou uma pesquisa para analisar as percepções dos 2,2 milhões de professores

---

[67] BASTOS, Thais Basem Mendes Corrêa; BOSCARIOLI, Clodis. Os professores do ensino básico e as tecnologias digitais: uma reflexão emergente e necessária em tempos de pandemia. **Horizontes**, Porto Alegre, 23 abr. 2020.

[68] Organização social fundada pela família Abilio Diniz em 2010 que tem como foco a melhoria da qualidade da educação brasileira.

brasileiros nos diversos estágios da pandemia, dividida em quatro etapas, sendo que a primeira ocorreu em até duas semanas da suspensão das aulas, a segunda entre duas semanas e dois meses da suspensão das aulas, a terceira ocorrerá entre três e quatro meses da suspensão das aulas e a última acontecerá após quatro meses de suspensão, tendo sido realizadas duas até este momento.

Até o fim da primeira fase, no final do mês de março, o Instituto já tinha ouvido mais de 2,4 mil professores brasileiros, tendo-se constatado que mais de 90% dos respondentes demonstraram estarem muito ou totalmente preocupados com a situação atual e que já era possível notar, mesmo em estágio inicial, efeitos na saúde mental deles. Os entrevistados afirmaram que o suporte e o apoio psicológico seriam fundamentais nesse momento. Além disso, 7 em cada 10 professores mudaram completamente a sua rotina após o início da pandemia.

Já na segunda fase da pesquisa, verificaram-se os sentimentos dos professores naquele estágio da pandemia. Os principais sentimentos expostos foram negativos, conforme gráfico a seguir:

Gráfico 1 – Sentimento dos professores I

Fonte: Instituto Península (2020)

Porém, não podemos deixar de abordar que alguns professores se sentiram confortáveis e até de certa forma desafiados com essa nova modalidade de ensino. O gráfico a seguir demonstra sentimentos positivos que também foram citados pelos entrevistados.

Gráfico 2 – Sentimento dos Professores II

Fonte: Instituto Península (2020)

Em uma análise do motivo desses sentimentos, constatou-se que antes da paralisação das aulas presenciais, 88% dos professores nunca lecionaram a distância. Ainda, 83% dos respondentes afirmaram não se sentirem preparados para o ensino virtual. A maioria dos professores ainda respondeu que não tiveram o devido apoio da escola para lidar com essa situação.

Os dados vão ao encontro do que diz Lúcia Dellagnelo, diretora-presidente do Centro de Inovação para a Educação Brasileira (Cieb), quando afirma que entre os profissionais mais afetados dessa pandemia estão os professores. Ressalta ainda que "para garantir a aprendizagem efetiva de seus estudantes, professores precisariam estar preparados para oferecer uma educação híbrida que disponibilizasse experiências de aprendizagem por diferentes modalidades".

Muitas pesquisas de campo foram realizadas nesse período e muitas respostas foram encontradas, especialmente a de que teríamos um novo tempo na educação. A crise gerou criatividade, inovação, adaptação, resiliência, novos caminhos, sendo várias situações permaneceram e outras desaparecerem.

5. A experiência e a vivência docente na educação jurídica durante a pandemia e seus reflexos na educação brasileira

De fato, nada foi mais desafiador e impactante do que a repentina e inesperada mudança do ensino presencial para a modalidade remota emergencial, sem qualquer aviso prévio ou preparação para essa nova prática para os educadores que, até então, estavam mais habituados ao modelo presencial, embora parcela atuasse na modalidade de aulas gravadas *online*, mas no nível da pós-graduação.

Como educador/professor de um curso de Direito, na Escola de Direito de uma reconhecida universidade gaúcha, as balizas ortográficas que seguem tentam retratar esse cenário, desde os desafios até as ações para a necessária superação dos entraves e desconhecimento das tecnologias educacionais, a adaptabilidade e a busca de soluções para que os estudantes não sofressem sem continuidade na sua formação acadêmico-profissional.

Em apenas dois dias após o aviso da suspensão das aulas, em março de 2020, os educadores se viram diante de um imenso desafio, qual seja, de manter as aulas e o contato com os estudantes, de forma a garantir a continuidade dos seus estudos e formação acadêmico-profissional. Poucos sabiam lidar com as ferramentas digitais, especialmente no curso de Direito, de longa data conhecido pela forma mais tradicional de ensinar e de aprender, com aulas expositivas dialogadas e presenciais.

Assim, logo, formaram-se na Universidade diversos grupos de trabalho, apoiados nos Núcleos de Inovação Pedagógica, e outros, que passaram a auxiliar a todos, de modo a enfrentar as barreiras que pareciam intransponíveis para manter a mediação dialogada com os estudantes.

A primeira solução foi gravar as aulas e disponibilizá-las na Plataforma do Youtube, compartilhando-se o link de acesso, de modo que todos os estudantes pudessem assistir remotamente. Não se tinha clareza de que essa prática surtiria os efeitos desejados para um processo de ensino e de aprendizagem, mas foi o possível de ser feito em um primeiro momento.

As aulas, antes expositivas e dialogadas e com participação ativa dos estudantes, passaram a ser gravadas, utilizando-se slides em Power Point e outras estratégias, para fins de visualizarem os conteúdos e o que estava sendo proposto, com uma possibilidade de não serem síncronas, ou seja, poderiam assisti-las a hora que pudessem, sem ser necessariamente no horário das aulas.

Essas aulas e os respectivos links de vídeos foram disponibilizados pela Plataforma Moodle, já bem conhecida e utilizada em boa escala pelos docentes da instituição, especialmente como espaço de repositório de materiais e de estudos relacionados à disciplina.

Na medida em que se avançava no processo das aulas, outras ferramentas passaram a ser disponibilizadas para a comunidade universitária, até então pouco ou nada conhecidas, como foi o caso da Plataforma Zoom. Com essa nova plataforma, foi possível ter-se aulas síncronas, ou seja, no horário marcado das aulas, com a diferença de que seriam a distância ou *online*, mas com recurso de que poderiam ser assistidas em outros horários, à escolha do estudante.

Essa experiência teve as mais variadas situações, entre elas, em alguns momentos com boa participação e assistência dos estudantes, em outros momentos, com baixa participação, bem como visualização das aulas em momentos posteriores às aulas, sendo possível verificar a quantidade de estudantes que as teriam assistido.

Por vários momentos, percebeu-se maior participação dos estudantes nas aulas, como também em vários momentos houve baixa assistência e interação na construção da aprendizagem, causando frustrações e apreensões nos educadores, impactados porque nem tudo estava em seu controle e raio de ação, de modo a poder modificar essa realidade.

Por outro lado, na medida em que avançavam os semestres e a habitualidade e a familiaridade a essa nova modalidade, possibilitou-se proposições de inovação nas metodologias educacionais, especialmente as chamadas metodologias ativas, entre elas, a do conceito de sala de aula invertida e o estudar e aprender por problemas, com progressos sendo possíveis, e se criaram perspectivas no desenvolvimento e aproveitamento das atividades propostas.

Tal situação também se refletiu nos métodos e instrumentos de avaliação, mais do que nunca, aqui entendido como meio de verificação de aprendizagem e de emancipação do estudante, impactando na sua autonomia e responsabilidade. Nesse sentido, as novas abordagens de perguntas e de construção dessas avaliações permitiram uma interação e profundidade de respostas, que exigiram dos estudantes um ir além dos conhecimentos adquiridos, transformando-os em verdadeiros protagonistas da sua aprendizagem na medida em que a resolução das questões eram, na verdade, problemas da vida real e que instigavam a busca de solução para os casos apresentados.

Assim, aquilo que parecia ser um limite instransponível mostrou-se, na verdade, um excelente desafio para a inovação de processos e metodologias de aprendizagem, tendo qualificado a educação e trilhado caminhos para a excelência acadêmica.

Certamente, os desafios iniciais foram superados, e cada notícia de que as aulas presenciais poderiam voltar a qualquer momento aninava a comunidade universitária, pois habituada estava a esse modelo, que possibilita efetivamente mais trocas, mais interação, mais encontro, mas possibilidades e metodologias que promovem a integralidade do desenvolvimento cognitivo, ainda mais quando se trata de ciências jurídicas, em cujo meio a aula presencial tem mais ressonância, importância e sentido.

Por outro lado, essa experiência de ensino a distância, ou *online*, ou na modalidade híbrida, abriu novos caminhos e espaços na educação universitária nacional. Conforme dados do Censo da Educação Superior de 2020, divulgados pelo Sindicato das Entidades Mantenedoras de Ensino Superior do Estado de São Paulo (Semesp) em 2022, percebeu-se crescente número de matrículas e de estudantes nessa modalidade de oferta, mas ainda tendo o modelo presencial primazia sobre o *online*, como podemos ver nos gráficos a seguir:

Figura 1 – Evolução do quadro de matrículas em cursos EaD

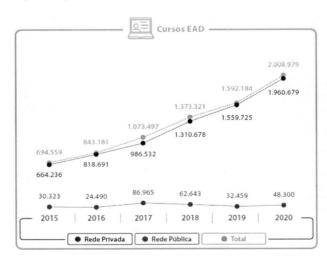

Fonte: Semesp (2022)

Figura 2 – Evolução de alunos em cursos EaD

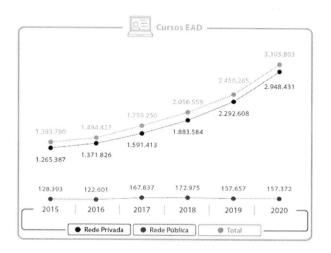

Fonte: Semesp (2022)

Figura 3 – Comparativo entre matrículas presenciais e EaD

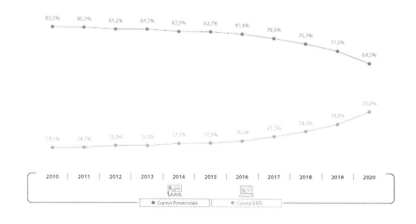

Fonte: Semesp (2022)

Entre os motivos dessa crescente procura pelo modelo *online*, inclusive na graduação, encontram-se inúmeras explicações, a saber o menor custo das mensalidades, a flexibilidade de horários para assistir as aulas, menor custo de deslocamentos entre casa, trabalho e universidade, comodidade, familiaridade dos estudantes em lidar com tecnologias educacionais, crise econômico-financeira das famílias, entre outros.

Essa realidade é percebida em todo o território nacional, passando-se a também ter a oferta de cursos de graduação em maior número nessa modalidade.

Por outro lado, há um leque de discussões acadêmicas que se mostram preocupados com essa situação, entendendo que o ensino presencial tem maior abrangência e resultado, especialmente se levarmos em conta a questão da pedagogia da presença, como refere Antônio Novoa. Há estudiosos que entendem haver mais prejuízos do que ganhos quando se trata de comparar o ensino *online* com o presencial, não se esgotando o tema no presente trabalho.

Especificamente, em relação ao curso de Direito, há muitas discussões em andamento em nível federal e no âmbito da classe jurídica, especialmente no órgão de representação da classe, tratando da qualidade da oferta de cursos e do ensino, tendo por fundamento a baixa aprovação dos concluintes no Exame da Ordem. Além do mais, há forte preocupação com a possibilidade de oferta de cursos de graduação em Direito na modalidade *online* em sua totalidade. Aos olhos da entidade de classe, isso prejudicaria ainda mais a qualidade e se abririam caminhos para aventureiros com pouco ou nenhum compromisso para a efetiva e qualificada formação dos operadores do direito.

Assim, na medida em que se verifica um avanço das matrículas para cursos de graduação na modalidade educação a distância (EaD), seja na modalidade *online* de forma integral ou híbrida, há sinais de alerta para a possibilidade de avançar-se na área de formação jurídica, o que, para muitos, aprofundaria ainda mais a baixa qualidade dos cursos e do ensino jurídico hoje existente no país.

Não se trata de simples oposição aos avanços tecnológicos. Esses são e podem ser importantes aliados na busca por mais qualidade de ensino e de aprendizagem, pois podem facilitar as mediações dos processos pedagógicos, mas podem também ser espaço para a desqualificação daquilo que hoje já é tido como inferior ao mínimo aceitável no universo do ensino jurídico e cursos de Direito do Brasil.

Entende-se que o ensino presencial ou híbrido, com uso das mais variadas ferramentas tecnológicas e de metodologias ativas e de alta relevância, com corpo docente renomado e de alta performance, aliado a estudantes que, de fato, se mostrem empenhados e comprometidos com a sua trajetória e percurso formativo, são os caminhos que se apresentam como os mais adequados e necessários para a realidade brasileira.

Considerações Finais

Esse momento de isolamento social que o país e o mundo enfrentaram em prol da saúde individual e coletiva permitiu na comunidade educativa reflexões e inúmeras investigações sobre os impactos causados em torno das práticas pedagógicas adotadas em ambientes virtuais, bem como auxiliou a compreender como as escolas e educadores buscaram reposicionar o lugar da docência na sociedade.

Várias estratégias foram adotadas para proporcionar estudos domiciliares e minimizar as perdas, adaptando a rotina de aprendizagem frente ao isolamento social. Muitas perguntas surgiram no decorrer do estudo, especialmente quando se olhava para o futuro: será que haveria uma metamorfose da humanidade diante dessa crise? O que ficaria nas nossas vidas pessoais e profissionais? Que soluções imediatas e inteligentes bem como oportunidades e caminhos se estabeleceram a partir dos esforços realizados para superar as dificuldades trazidas pelas restrições impostas pela pandemia?

Dessa forma, nos propusemos a refletir e pesquisar sobre diversas questões envolvidas no sistema educacional, especialmente sobre os impactos na vida do educador, seus anseios e preocupações. Vimos que o uso das tecnologias digitais em rede se apresentou como uma alternativa plausível para a manutenção das aulas, visando níveis adequados e possíveis de aprendizagem em um contexto de emergência e de alto grau de adaptabilidade de todos os atores envolvidos.

O presente estudo apresentou parte desse cenário de impactos que ocorreram na vida das pessoas e, de forma específica, no que tange aos educadores de uma forma reflexiva.

Aos educadores coube o desafio de não só pensar em estratégias para serem ofertadas no formato *online* híbrido e emergencial, como também dimensionar o tempo diário para as atividades, evitando sobrecarregar os alunos e deixá-los desmotivados para vivenciar essa experiência.

Muitas experiências foram positivas durante o processo contínuo de recolocação e ressignificação nos processos educacionais e acreditamos que o papel do educador como protagonista do processo de ensino e de aprendizagem auxiliou a traçar novos rumos e possibilidades, mediante busca de qualificação pessoal, profissional e tecnológica, entendendo que o bom uso das inovações e dos recursos disponíveis ao seu favor, conscientes do seu compromisso com o educando e com a sociedade, foi importante e imprescindível na superação das mazelas causadas pela pandemia.

Com a possibilidade de se renovar diante de uma situação atípica, desafiadora e complexa no seu fazer pedagógico, com adaptabilidade e resiliência, na medida em que experimentaram e aprenderam, ousando e surpreendendo com propostas inovadoras e criativas para enfrentar essa situação singular, os educadores, mais uma vez, demonstraram seu valor e protagonismo, sem nunca deixar de acreditar e sonhar com a educação de qualidade para crianças, jovens e adultos.

É interessante dizer que o papel do educador diante das novas tecnologias é mais do que ensinar, é possibilitar aos estudantes acesso aos recursos tecnológicos, acompanhando-os, monitorando e viabilizando a discussão, a troca de ideias e experiências para aquisição do conhecimento, sendo mediador de um processo contínuo e compartilhado. Além disso, foi necessário que ele estivesse preparado para lidar com os conflitos emocionais e éticos, uma vez que a dinâmica da sala de aula deixou de ser individualista e passou a ser, mais do que nunca, um espaço de interação e colaboração, construindo vínculos entre os atores envolvidos.

A mobilização das competências individuais para apoio ao próximo, numa dinâmica positiva e propositiva, configurou-se como um grande passo e alimenta a esperança de que chegamos juntos e mais fortalecidos ao final dessa estrada sinuosa e desafiadora.

Não há espaço para heróis, mas o protagonismo, criatividade, adaptabilidade e, especialmente, enxergar caminhos e soluções em seu universo laboral e profissional colocam novamente os educadores em um espaço privilegiado e reconhecido pelas instituições de ensino e de toda a coletividade social, resgatando-se um pouco do papel histórico que os educadores tiveram ao longo do tempo.

Passada a pandemia e seus reflexos, certamente, caberá aos educadores e às instituições um papel ainda mais relevante e destacado, embora não seja essa a finalidade precípua do ensinar e do aprender, mas sim como forma de destacar o relevante papel que exercem no desenvolvimento humano em todos os seus aspectos, seja nas tecnologias, nas ciências, nas artes, na cultura ou na educação.

Referências

ABREU, Rosane de Albuquerque dos Santos; NICOLACI-DA-COSTA, Ana Maria. Internet: um novo desafio para os educadores. **Paidéia**, Ribeirão Preto, **v.** 13, n. 25, p. 27-40, 2003.

ALBERTO SOBRINHO, Carlos. **Informática no ensino fundamental**: uma leitura de percepções docentes. 1997. Dissertação (Mestrado em Educação) – Pontifícia Universidade Católica do Rio de Janeiro, Rio de Janeiro, 1997.

BASTOS, Thais Basem Mendes Corrêa; BOSCARIOLI, Clodis. Os professores do ensino básico e as tecnologias digitais: uma reflexão emergente e necessária em tempos de pandemia. **Horizontes**, [Porto Alegre], 23 abr. 2020.

BEMBEM, Angela; COSTA, Plácida. Inteligência coletiva: um olhar sobre a produção de Pierre Lévy. **Perspectivas em Ciência da Informação**, Belo Horizontes, v. 18, n. 4, p. 139-151, out./dez. 2013.

BOTO, Carlota. A educação e a escola em tempos de coronavírus. **Jornal da USP**, São Paulo, 8 abr. 2020.

BRASIL. [Constituição (1988)]. **Constituição da República Federativa do Brasil de 1988**. Brasília: Presidência da República, 1988. Disponível em: http://www.planalto.gov.br/ccivil_03/constituição/ConstituicaoCompilado.htm. Acesso em: 15 abr. 2020.

BRASIL. Ministério da Educação. **CNE aprova diretrizes para escolas durante a pandemia**. Brasília: MEC, 28 abr. 2020.

BRASIL. Ministério da Educação. **Portaria n.º 343, de 17 de março de 2020**. Dispõe sobre a substituição das aulas presenciais por aulas em meios digitais enquanto durar a situação de pandemia do Novo Coronavírus – COVID-19. Brasília: MEC, 2020.

DEVOTTO, Rita Pimenta de; OLIVEIRA, Manoela Ziebell de; FREITAS, Clarissa Pinto Pizarro de. **Guia para trabalhadores e gestores sobre o redesenho do trabalho em tempos de pandemia**. Porto Alegre; Rio de Janeiro: PUCRS; PUC--Rio, 2020.

FELIPE, Luiza Helena Lamego. **Informática e educação**: encontros e desencontros no ensino fundamental público. 2001. Dissertação (Mestrado em Educação) – Pontifícia Universidade Católica do Rio de Janeiro, Rio de Janeiro, 2001.

FREITAS, Henrique *et al.* Pesquisa via internet: características, processo e interface. **Revista Eletrônica Gianti**, Porto Alegre, v. 17, p. 1-11, 2004.

GUERHARDT, Tatiana Engel; SILVEIRA, Denise Tolfo (org.). **Métodos de pesquisa**. Porto Alegre: Editora da UFRGS, 2009.

HODGES, Charles *et al.* **The difference between emergency remote teaching and online learning**. USA: Educause, mar. 27, 2020.

HORN, Michael B. **Metodologia e pesquisa científica**: um guia prático para acompanhamento da disciplina e elaboração de trabalhos monográficos. São Paulo: Atlas, 2005.

HORN, Michael B. Michael B. Horn: os impactos de longo prazo da covid-19 na educação. *In*: Desafios da **Educação**. Porto Alegre: Plataforma A, 26 mar. 2020.

KENSKI, Vani Moreira Processos de interação e comunicação mediados pelas tecnologias. *In*: ROSA, Dalva E. Gonçalves; SOUZA, Vanilton Camilo (org.). **Didática e práticas de ensino**: interfaces com diferentes saberes e lugares formativos. Rio de Janeiro: DP&A, 2002, p. 254-264.

KERCKHOVE, Derrick. **A pele da cultura**: uma investigação sobre a nova realidade eletrônica. Lisboa: Relógio D'Água Editores, 1995.

LÉVY, Pierre. A emergência do cyberspace e as mutações culturais. *In*: PELLANDA, Nize Maria Campos; PELLANDA, Eduardo Campos (org.). **Ciberespaço**: um hipertexto com Pierre Lévy. Porto Alegre: Artes e Ofícios, 2000. p. 12-20.

LÉVY, Pierre. **Cibercultura**. Rio de Janeiro: Editora 34, 1999.

MAGNAM, E. S. *et al.* **Cartilhas de home office em tempos de pandemia**: o que você precisa saber para trabalhar bem e com saúde. Porto Alegre; Vitória; Rio de Janeiro: PUCRS; Ufes; PUC-Rio, 2020.

MARTINS, Cristina. **Práticas pedagógicas remixadas**: possibilidades de estratégias docentes alinhadas a tendências emergentes da cultura digital. 2020. Tese (Doutorado em Educação) – Pontifícia Universidade Católica do Rio Grande do Sul, Porto Alegre, 2020.

NÓVOA, Antônio; ALVIM, Yara Cristina. Os professores depois da pandemia. **Educ. Soc.**, Campinas, v. 42, p. 1-16, 2021.

ROCHA, Lucas. Como as escolas estão usando tecnologia para enfrentar o coronavírus. *In*: **CANAL TECH**. São Bernardo do Campo: Unilogic Media Group, 17 mar. 2020.

SANTOS, Boaventura de Sousa. O coronavírus, nosso contemporâneo. **Sociedade Breve**: Jornal de Letras, Portugal, p. 28, 6 a 19 maio 2020.

SINDICATO DAS ENTIDADES MANTENEDORAS DE ENSINO SUPERIOR DO ESTADO DE SÃO PAULO (SEMESP). **Dados Brasil**. 12. ed. São Paulo: Instituto Semesp, 2022.

SOARES, Francisco. COVID-19: impactos sobre a educação. *In*: **Cidade Verde**. Teresina: TV Cidadfe Verde, 28 abr. 2020.

ACCESS TO JUSTICE IN TRINIDAD AND TOBAGO: A HYBRID APPROACH

Petronilla Sylvester
Gail Persad

Introduction

This Chapter addresses how the Legal Aid Clinic at the Hugh Wooding Law School restructured its clinical programme to meet the needs of students and clients during the Covid-19 pandemic. It will explore the measures employed by the Clinic, including the modification of its curriculum, teaching methodology, and legal service delivery, to facilitate the continued delivery of quality legal education to its students and the provision of effective legal services to its clients. This Chapter also highlights how these changes, borne out of necessity, served to modernise the clinical programme for the benefit of students who are embarking upon legal careers in an increasingly technological age and facilitated greater access to justice. Before we delve into the specific measures adopted by the Clinic, let's first examine the contextual factors that set the stage for the dynamic shifts within the clinical programme during this unprecedented period.

The onset of the Covid-19 pandemic called for a re-examination of the manner in which the clinical programme at the Legal Aid Clinic of the Hugh Wooding Law School was being delivered. It became necessary to ensure that options were available for programme delivery that would allow for the continuity of the programme in the event that:

- the borders of Trinidad and Tobago remained closed for a protracted period of time, precluding a large number of students from entering the country to physically attend the Clinic,
- there were restrictions on movement of persons for public health reasons,
- there were insufficient client files for students due to the limited client in-take during periods of restricted access,

- there were limits to the numbers of persons who could occupy the clinic at any given time,
- there was a resurgence of the Covid-19 virus,
- there was a reduction in student enrolment.

While there were several clinical programmes across the globe which had been operating online[69] prior to the Covid-19 pandemic, and several others that were swiftly modifying to take their programmes online, the Clinic was faced for the first time, with a clear and present threat to its ability to continue to serve its students and clients in its existing format. As many of the aforementioned concerns began to materialise, the Attorneys-at-law/Tutors at the Clinic under the direction of the Clinic's then Director, worked on a plan to redesign the programme in a manner that would allow for the educational requirements of students and the legal service needs of clients to be met. This exercise called for an examination of the existing programme as well as an internationally comparative picture of best practice in a variety of contexts but with particular focus on the design and operation of virtual law clinics.

Interactions between the Attorneys-at-law/Tutors at the Clinic and other clinicians participating in webinars[70] and other forums and conducting research regarding the online delivery of the clinical programme, served to inform the restructuring of the programme through the employment of technology, enhancement of clinical methodology and programme delivery[71].

The following sections explore the differences between the clinical model that was in effect prior to the onset of the pandemic and the restructured programme.

---

[69] For example, the clinical unit at Charles Darwin University in Australia as well as Cumbria Virtual Law Clinic and the Open Justice Law Clinic both being operated in the United Kingdom.

[70] The Open University's webinar in May 2020 on Taking Clinic's Online provided many useful ideas particularly surrounding the use of case management systems like CLIO and the management risk associated with the online delivery of clinical programmes. A lot of useful information was also made available through the UK CLEO forum.

[71] Details of the operations of the virtual law clinic at Cumbria as described by Ann Thanaraj and Michael Sales, Lawyering in a Digital Age: A Practice Report Introducing the Virtual Law Clinic at Cumbria served as a useful guide for the operation of a virtual law clinic particularly in relation to data security and management and in addressing challenges faced.

Overview of the Pre-Covid-19 Legal Aid Clinic and its Operations

The Hugh Wooding Law School offers a two-year, full-time vocational programme to holders of a Bachelors of Law (LL. B) Degree (a three-year academic programme). All students are required to participate in a full service, generalist clinical programme that runs for two terms during their final year at the law school. A competency based education and training model is adopted for programme delivery at the law school. Upon completion of law school, graduates receive a Legal Education Certificate for admission to the practice of law within the Commonwealth Caribbean. The clinical programme is administered by the Clinic and provides a public service to those indigent members of the community who require legal services to secure or defend their rights. Legal advice and representation is provided in a variety of matters which are determined to be of specific educational value to students. The programme allows students to experience legal practice through the active conduct of client matters.

The live client clinic is one of several models[72] of clinical legal education (CLE)[73]. CLE is a form of experiential learning[74] which takes place in a clinical setting and enables students to extract learning from experiences. Students are exposed to opportunities for structured reflection based upon their experiences, self-critique and feedback from their supervisors. It involves the use of a clinical approach that enables students to develop not only legal and professional skills, but also a critical and contextual understanding of the law as it affects people in society. This approach compliments the knowledge that students acquire in substantive areas of law and serves to bridge the gap between academic learning acquired

---

[72] Emerging models of clinical legal education include in-house live client clinics like the one offered at the law school- see Adrian Evans, Anna Cody, Anna Copeland, Jeff Giddings, Peter Joy, Mary Anne Noone and Simon Rice, Australian Clinical Legal Education (2016) Australian National University Press, 48 for more discussion on models of clinical legal education.

[73] *Cf.* RICE, Simone; CROSS, Graeme. **A guide to implementing clinical teaching method in the law school curriculum**. Sydney: Centre for Legal Education, 1996. p. 9; BRAYNE, Hugh; DUNCAN, Nigel; GRIMES, Richard. **Clinical legal education**: active learning in your Law school. Ashland, USA: Blackstone Press, 1998. p. 2, for additional discussions on CLE.

[74] McGill and Warner Weil see experiential learning as "[t]*he process whereby people individually and in association with others, engage in direct encounter, then purposefully reflect upon, validate, transform, give personal meaning to and seek to integrate their different ways of knowing. Experiential learning therefore enables the discovery of possibilities that may not be evident from direct experience alone*" (McGILL, Ian; WEIL, Susan Warner. Continuing the dialogue: new possibilities for experiential learning. *In*: WEIL, Susan Warner; McGILL, Ian (ed). **Making sense of experiential learning' Milton Keynes**. [United Kingdom]: SRHE; Open University Press, 1989. p. 248).

through classroom teaching and experiential learning via professional practice with a focus on preparing students for careers as legal professionals. There is also the benefit of being able to experience law office culture in an ideal learner-centered environment for the administration and delivery of training specific to the practice of law.

Students are introduced to lessons that cover areas of substantive law, applied practice skills, and procedural rules surrounding the provision of legal services in a generalist context. The programme was designed to enable students to acquire the skills necessary for legal practice as well as the foundation for lifelong learning through the promoting of reflection upon experiences and understanding.

Emphasis is placed on desired learning and the methodology to be employed including activities to be pursued, learning conditions, and assessment. As teaching and learning activities are critical components linking learning objectives to assessment, they provide for the continual assessment of students throughout the programme, allowing for a proper understanding of student progress across the learning pathway, to ensure that by the end of the programme, all of the students at their differing skill and understanding levels, will experience growth and improvements in performance. High-quality feedback is delivered to students, assisting them to self-correct as they advance through the programme. This approach is meant to encourage positive motivational beliefs, improve self-esteem and facilitates the development of student self-assessment and reflection in learning. This also helps supervisors adapt teaching to the needs of their students[75].

Approximately two hundred and eighty students attend the Clinic each year. The services offered by the Clinic are led primarily by the students (under supervision). Students may elect to attend a specialist clinic for one of two terms. Each term comprises approximately ten weeks. Students are assigned to Attorney-at-law/Tutors who are their supervisors and with whom they meet on a set day and time each week.

Students engage in learning activities at the Clinic for three hours in their assigned time slots. Students must work on client matters for three additional over-time hours each week. They may, however, only access client files at the Clinic's offices. Students are assigned three to five

---

[75] NICOL, David. **Principles of good assessment and feedback**: theory and practice. Paper presented at REAP International Online Conference on Assessment Design for Learner Responsibility, 2007.

client files each, during their tenure at the Clinic. During their scheduled three-hour session, students receive instruction from their supervisors in accordance with a lesson plan that relates to substantive areas of law. They also engage with their supervisors in the performance of learning activities that help to reinforce their learning. Students also meet individually with their supervisors for guidance and feedback, and conduct interviews. Students may utilise their three over-time hours to conduct research, draft documents and work on client files. All student work is reviewed, approved, signed and despatched by their supervisors.

Each client file is recorded, referenced and maintained in paper and in electronic form on CLIO, a cloud-based legal case management software. Students are provided access only to client's paper files which are securely stored at the offices of the Clinic, for use within those offices. There is included in each file, general information including biographical and financial data relating to the client, contact information and documents. Notes are maintained on files regarding communications, court appearances, court orders and filings, instructions to students and their submissions. Students are provided with a safe and secure space to conduct any necessary research and to work confidentially on client files. They are also provided access to a physical library of legal resources and reference materials as well as online resources.

Students are required, at the commencement of the programme, to attend an induction session which covers the Clinic's operations, procedures, educational goals, applicable professional practice rules, and the code of conduct governing the behaviour of legal practitioners. These are also addressed in the Clinic's manual which is made available to students at the commencement of the programme. The services to be provided to clients are delivered at or above the standard set out in Trinidad and Tobago's Legal Profession Act, Chap 90:03 and in accordance with the Code of Ethics at Part A of the Third Schedule to the Act. Students are required to sign a confidentiality agreement pertaining to their work at the Clinic prior to commencement.

In relation to specialist clinics, students are invited to apply for the opportunity to participate. They are selected to participate based on a variety of criteria inclusive of academic merit and a demonstrated commitment to the practice area. Students in both the generalist and specialist clinics are assessed by supervisors at the end of each school term, against a rubric made available to students at the commencement of the programme.

Post Covid-19 Clinical Programme

The quality of education and legal services to be provided to students and clients respectively, remained of paramount importance. Special measures (specifically those that ensure quality legal service provision, such as the identification of roles and responsibilities, training to build capacity and the creation of training manuals) were the focus of the delivery of the programme in an online format.

In preparing to deliver the restructured programme, the shared experiences of clinicians globally[76] were considered. Close attention was paid to challenges faced included working with large numbers of students based in different geographical locations, the significant time commitment to plan, design and run the programme, the risk that student remoteness from the clinic and clients may result in the treatment of tasks "just like another assignment,"[77] and implications for professional ethics. Issues affecting collaboration and quality assurance for students and clients were also noted. Committees were established comprising of Attorneys-at-law/Tutors from the Clinic who were tasked with addressing the broad areas of information technology, student orientation and remote learning and teaching.

Information Technology/CLIO

It was understood that information technology would stand at the heart of the Clinic's ability to continue to deliver the programme in a manner that would ensure that educational requirements and legal service needs could be meet in accordance with law school regulations and professional practice rules. The committee considered that a software framework in the form of CLIO was already being utilised, albeit to a limited extent, for the management of client files and allowed for files to be accessible from any computer with internet access.

---

[76] Including the Open University which runs clinical programmes online. *Cf.* McFAUL, Hugh *et al.* Taking clinical legal education online: songs of innocence and experience. **International Journal of Clinical Legal Education**, [United Kingdom], v. 27, n. 6, p. 6-38, 2020.

[77] *Ibidem*, p. 19.

It was contemplated that in providing students electronic access to client files, the operation of an online clinic model that allowed for teaching and learning in a live-client environment would still be possible. There were several key concerns posed by the provision of access to students in this manner which were grounded in the legislative provisions governing the practice of law. Chief among them were requirements under the Legal Profession Act and the Data Protection Act, Chapter 22:04[78] to keep client information confidential and to protect client data.

The following initiatives were undertaken to ensure that the educational requirements of students and legal service needs of clients would be met:

1. Requiring each student, Attorney-at-law/Tutor, legal secretary and law clerk to obtain training and certification in the use of CLIO.

2. The creation of a training manual which was made available to all users of CLIO, providing additional information and answers to frequently asked questions.

3. The creation of a parallel training site on CLIO with simulated files for access by students for the purpose of providing additional training opportunities, prior to being granted access to the live files[79].

4. Configuration of the case management system to limit student access to only those client files that had been assigned to that student's supervisor.

5. The creation of a Terms of Use document setting out the manner in which the Clinic would be conducting business and the terms of utilising the services of the Clinic in the face of changes to its mode of operation necessitated by the pandemic, and in view of the continued obligation to cater to the educational requirements of students. Clients seeking to utilise the services of the online Clinic were required to review, accept and sign this document prior to the commencement of representation.

---

[78] Its objective is to ensure the protection of an individual's right to privacy, and to establish the right to maintain sensitive personal information as private, confidential, and personal.

[79] It was understood that if students were not properly trained in the use of the technology that learning and service delivery could be negatively impacted.

6. The enhancement of existing confidentiality agreements to be signed by students to cater to the changed circumstances.

7. In light of Practice Directions allowing for electronic court hearings via the communications platform, Microsoft Teams, arrangements were made for classrooms to be converted to dedicated virtual courtrooms. Permission was obtained from the judiciary for students at attend virtual hearings as part of their training and clients who did not possess the means or knowhow to attend virtual hearings were physically accommodated in these rooms.

8. Licences were acquired for Adobe desktop software which was installed on all computers to facilitate the process of electronic filing, electronic discovery, the management of evidence during hearings and the processing of documents.

9. Licences were acquired and accounts created on Zoom, a cloud based video conferencing service, to allow for the weekly clinical sessions between Attorneys-at-law/Tutors and their students to continue. Client interviews were conducted with students via video communications service, Google Meet, or by telephone.

10. Mobile telephones were acquired for use by Attorneys-at-law/Tutors and legal secretaries for the sole purpose of facilitating ease of communication for clients mainly via WhatsApp, a free messaging and voice over IP service.

11. A few offices were equipped with computers dedicated for the use of the small number of clients who did not have electronic access to engage in online interviews with students and their Attorneys-at-law/Tutors.

12. Resource materials, including videos, lesson plans, forms and precedents, were uploaded to TWEN, a course management tool for law schools, which was accessible by all students to support their learning.

Student Orientation

Proper student induction is one of the keys factors associated with the operation of any law clinic. This became even more critical during this period of uncertainty. In view of the transition to an online format, emphasis was placed during orientation sessions, on the requirements of the professional practice rules, particularly in relation to treating with confidential information and professional ethics. Data security and management were also highlighted. This supplemented training to which students were exposed in the final year course on Ethics Rights and Obligations of the Legal Profession. Students were also informed about the format for the delivery of the clinical programme including a new student law firm approach[80] and the requirement for CLIO training and certification.

A new operations manual was created specifically to address the new online format of the programme. The manual provided information about the programme including a description of the teaching methodology, guidance on working with clients and on their files on the CLIO platform, and working with Attorneys-at-law/Tutors. Computer literacy requirements and tips for using the software and applications, as well as information regarding online classroom etiquette were also outlined. The role and duties of legal professionals as set out in the Legal Profession Act, security measures to be employed in accessing client information, working on files in shared spares and on shared devices[81], and data protection as provided for under the Data Protection Act[82], were addressed in significant detail. The manual was disseminated to all students, Attorneys-at- law/ Tutors and support staff.

Remote Learning and Teaching

The mandate of the Clinic was considered, along with the mechanics that would allow for the management and operation of the programme in a pandemic, in determining the best approach to teaching and learning experientially in an online format. There were discussions around the greater need for the exercise of creativity in approaches to teaching and learning in a manner that would encourage students to actively engage

---

[80] *Cf.* GRIMES, Richard. Delivering legal education through an integrated problem-based learning model: the nuts and bolts. **International Journal of Clinical Legal Education**, [United Kingdom], v. 21, p. 228, 2014; for a detailed account of this approach. See further discussion at p. 16.

[81] Including finding a private area to take calls out of earshot of family and friends, setting up a separate work area, if possible, using password protected file sharing, especially if are working on a shared computer, ensuring that devices are not left unattended, protecting client and clinic data by not saving on devices, and using devices with anti-malware software.

[82] With specific emphasis on the strict penalties imposed by the Act for breaches of its provisions relating to the receipt and dissemination of client information and data storage.

with assigned tasks and contribute to discussions as they aquire the knowledge, skills and attributes that would enable them to engage in critical analysis and solve problems. The committee also considered some of the challeneges that may be faced in the delivery of the programme as highlighted by clinicans operating similar programmes[83].

It was noted that though the programme was being offered in an unfamiliar remote environment, students entering the programme had prior relationships, having studied together at law school in their respective groups during their first year of school. This eliminated one of the major challenges relating to collaboration that could hinder the progress of the programme. Other challenges were avoided due to the fact that all students worked within the same time zone and on the same school schedule.

Consideration was also given to the "student law firm" approach which was being utilised at many law clinics[84] around the world. The form and content of this approach was outlined in detail by Professor Richard Grimes[85]. A decision was taken to proceed in a somewhat similar fashion. By this arrangement, students were invited to choose the members of their firm which had the benefit of allaying some of the concerns associated with working in groups. Students worked in numbers of three to four per firm. Each Attorney-at-law/Tutor supervised approximately three firms.

Files were allocated to each firm rather than to individual students as had been the practise in the past. Firms worked out amongst themselves how their files would be handled. Students were asked to designate managing partners, interviewers, drafters and researchers for each new matter; the goal being for each student to have experience performing each of the roles and to ensure that responsibility within the firm was shared. This approach had the added benefit of ensuring that learning and teaching continued even if client numbers were reduced or students were unable to perform their tasks for any reason. Students were able to collaborate, engage in discussions and to assume collective responsibility for matters assigned to them.

---

[83] Supra, Note 9 at p. 30 for some examples and how they were addressed.

[84] Flinders Legal Centre, Flinders University, Australia, York University, University of Cumbria law department, the Open University, York Law School and the University of Sunderland in the United Kingdom and Georgetown University Law Centre, in the United States of America (here they are referred to as partnerships) are some of the institutions that operate student firms.

[85] Supra Note 13.

A handbook was created which contained lesson plans for the entire prorgamme. Each Attorney-at-law/Tutor at the Clinic was tasked with creating and delivering content in an electronic format to support the lessons. This facilitated the standardisation of the delivery of the programme in certain respects and provided students with asynchronous access to material while allowing for exposure to a variety of teaching styles and methods which catered to the varying modalities of student learning.

The committee considered that students meeting with their supervisors in a pedagogical setting via Zoom would be able to learn from the experiences of their peers. This forum allowed for the provision of insight into issues pertaining to their clinical experience without the propinquity of client presence or pressure, as well as discussions about ethical conduct and professional responsibility. Students were able to build upon learning in the asynchronous sessions and in other courses, enabling them to work out a process for finding answers to questions on their own.

Focus was placed on providing students with opportunities to engage in activities that would be impactful while allowing for the development of digital lawyering skills and the continued provision of legal services. These included attending court virtual, conducting client interviews remotely and problem solving to address challenges inherent to this approach including issues with technological, working in groups and the ability to read non-verbal communication cues. Student firms were encouraged to set up WhatsApp groups that included their Attorney-at-law/Tutor. This allowed for easy access and a forum for the dissemination of information and for the discussion of common themes and issues faced in the conduct of client matters.

There was a certain level of flexibility built into the programme to allow for adjustment as the need arose. Feedback continued to be essential to learning in this format and there was flexibility for students to meet with their supervisors. These sessions enabled students to become aware of their strengths and weaknesses and they were provided with guidance geared toward enabling improved future performance. They also allowed for the recognition of and response to remote learning roadblocks, enabling students to overcome, correct mistakes and/or improve the quality of their submissions.

There was ongoing evaluation of the effectiveness of the Clinic's delivery strategies by the Director through the solicitation of feedback from clients, students and their supervisors. Clinic faculty and staff also served on the Legal Aid Committee[86] and the Joint Consultative Committee[87] of the Council of Legal Education alongside students, and concerns with the programme were addressed through these channels.

The Hybrid Approach

A client's ability to access and/or use technology to participate in the online programme was considered. The goal was to ensure as far as possible, that in spite of pandemic conditions, all clients could continue to access the services of the Clinic. The Clinic operated a parallel system to address the needs of those clients who were registered to participate in the online programme but required occasional 'in person' interaction, and of those who were, for a variety of reasons, entirely unable to access legal services virtually. All clients were informed of the restructured programme and the requirement to sign Terms of Use if they wished to utilize the services of the Clinic going forward. Existing clients were able to opt out of the online programme and have their matters completed by an Attorney-at-law/Tutor in the pre-Covid-19 format if they so chose.

To accommodate clients in person in the face of the coronavirus disease, the physical offices were restructured to create a new access and waiting area for receiving clients, separate and apart from those areas utilized by staff. The practice of accommodating walk-ins was suspended and clients were seen strictly on an appointment basis. The number of clients seen per day was limited to a maximum of five. Facilities were provided for hand washing and sanitization and all faculty members, staff and clients were required to wear face masks. Two dedicated rooms were converted and outfitted to serve as virtual hearing rooms which were spacious enough to allow for social distancing.

The offices of the Attorneys-at-law/Tutors were outfitted with desk shields to provide an additional measure of protection for users. Arrangements were also made for students to interact with clients in person when virtual meetings were impossible or impractical. Classrooms and a large lecture theatre was made available for these meeting which allowed for ample social distancing.

---

[86] This Committee advises the Director of the Legal Aid Clinic on policy and on issues relating to the general administration of the Clinic.

[87] This Committee addresses issues raised by law students with respect to the curriculum and related issues.

As far as possible, endeavours were made to engage with clients via electronic means but every effort was made within the limits of public health guidance to meet the needs of clients who were unable to do so. These numbers were significant less than those accommodated remotely and there was no indication that clients served in this format suffered any disadvantage.

Learning and teaching law in a post-pandemic era

The legal education landscape of has undergone a profound transformation in the wake of the Covid-19 pandemic. This section explores how the reimagined clinical programme presented both challenges and opportunities for the future of legal education, and examines how innovative strategies and technological advancements have become integral to the learning and teaching process. This section will show how these experiences have been leveraged to shape a more flexible, resilient, inclusive, and technologically adept future for legal education and law practice.

Operating the Clinic during the Covid-19 pandemic was not without its challenges. While there was no evidence or reports of students failing to grasp training in the use of the case management system, a small number of students lamented the fact that they were unable, during their tenure at the Clinic, to experience the length and breadth of usage of the case management software as they might in actual legal practice and to interact personally with clients. Notwithstanding, there were no ascertainable negative impacts on learning and service delivery due to this approach.

Some students expressed the view that even in the face of familiarity with members of their student law firms, working collaboratively still proved at times to be challenging. To address and manage issues when they arose, supervisors maintained open lines of communication and engaged in conversations with individual students or groups where necessary, to ensure optimal performance and to maintain consistent and effective legal service delivery to clients. These issues did not negatively impact the completion of assigned tasks. Amongst other challenges cited by students were 'Zoom fatigue', frustration with technology, particularly internet connectivity issues and feelings of regret at having missed out on the opportunity to experience working in a law office and exploring law office culture.

Though students were provided access to electronic research software and exposure to training in its use, there were those who had not attained the level of proficiency to enabled them to perform effective legal research. To address this challenge, additional training resources were provided for their benefit on TWEN and library staff remained available to provide support.

For students generally, the benefits of the online delivery of the clinical programme included the opportunity to learn remotely, develop competency in the use of technology in the delivery of legal services and other digital lawyering skills including the experiences and ethics involved in this mode of legal services delivery.

Today, it remains possible for students under supervision to actively engage in and receive legal education through the medium of a virtual law office with live-clients. Students continue to be exposed to the classroom component of the clinical programme via physical and virtual classrooms which allows for a certain level of flexibility and greater creativity in the delivery of lesson plans to cater to all learning styles.

The online delivery of the clinical programme enabled legal training to be provided in a manner that is more relevant to students as they prepare to enter a legal profession which is now more technologically driven in terms of case and document management, document filing, legal research and representation. Many of the features of the online clinical programme are reflected in today's practice of law. The judiciary continues to operate virtual hearings and the transition to electronic court filings is permanent. There is greater reliance of electronic legal research and the use of client management software. The requirement to move the clinical programme online therefore, provided an opportunity to prepare students for a rapidly evolving legal profession.

Students were able to take full responsibility for their cases remotely by undertaking tasks and managing client files electronically, conducting client interviews and engaging in reflection, all under Attorney-at-law/ Tutor supervision. The increased use of technology attracted little overhead cost as the framework was largely in place at the time the change was needed. It facilitated streamlining of processes, ease of accessibility, and increased flexibility which enabled greater numbers of persons to access and receive services from the Clinic during a challenging period. Students and clients both continue to benefit from these approaches. Attorneys-at-law/Tutors also continue to benefit from the new approach which includes the synchronous review of documents with students allowing for a faster turnover of matters, the standardisation of the delivery of lessons and greater flexibility in scheduling review sessions with students and interviews with clients.

Clients were afforded the opportunity and flexibility to provide instructions and to settle documents at their convenience and without having to travel long distances at great expense or to take time off from work to visit the Clinic. Clients were also afforded greater access to attorneys, courts and related services. Adjustments made by the judiciary and government entities allowing for virtual hearings, electronic filing and other electronic services, work in tandem with the hybrid delivery of the clinical programme to enhance client experiences. Students and clients continue to enjoy many of these benefits today as facilities introduced out of necessity continue to promote greater access to justice enabling more clients to be served and preparing students to be more versatile, resilient, and technologically competent practitioners.

Conclusion

Restrictions placed on the ability of students to attend the Clinic in person, the requirements of social distancing and the persistent risks posed by the Covid-19 virus, caused greater reliance to be placed on remote teaching and learning and online lawyering. Advance planning and consultation with stakeholders played a major role in the successful restructuring and operation of the programme. These initiatives prompted the implementation of innovative pedagogical and technological approaches to legal education that enhanced learning and teaching and the delivery of legal services. This ensured that the needs of both clients and students were met within the existing regulatory frameworks and as could be accommodated given available resources.

Throughout the clinical programme, every effort was made by the Director of the Clinic, with the full support of all Attorneys-at-law/ Tutors, legal secretaries and law clerks to minimise risk, manage expectations, address challenges and plan for the future. Monitoring and evaluation allowed for flexibility, innovation, creativity and responsiveness in approaches to teaching, learning and service delivery, ensuring sustainability. The restructured clinical programme, borne out of the need to respond to a crisis situation, not only ensured the continuation of legal services and provision of quality legal education, but it also served to usher in positive, modern transformations that persists beyond the crisis enhancing and modernizing legal education training for students and legal service delivery in the region.

References

BRAYNE, Hugh; DUNCAN, Nigel; GRIMES, Richard. **Clinical legal education**: active learning in your Law school. Ashland, USA: Blackstone Press, 1998.

EVANS, Adrian *et al.* **Australian clinical legal education**: designing and operating a best practice clinical programme in an Australian Law school. Acton ACT, Australia, ANU Press, 2016.

GRIMES, Richard. Delivering legal education through an integrated problem--based learning model: the nuts and bolts. **International Journal of Clinical Legal Education**, [United Kingdom], v. 21, p. 228, 2014.

McFAUL, Hugh *et al.* Taking clinical legal education online: songs of innocence and experience. **International Journal of Clinical Legal Education**, [United Kingdom], v. 27, n. 6, p. 6-38, 2020.

McGILL, Ian; WEIL, Susan Warner. Continuing the dialogue: new possibilities for experiential learning. *In*: WEIL, Susan Warner; McGILL, Ian (ed). **Making sense of experiential learning' Milton Keynes**. [United Kingdom]: SRHE; Open University Press, 1989.

NICOL, David. **Principles of good assessment and feedback**: theory and practice. Paper presented at REAP International Online Conference on Assessment Design for Learner Responsibility, 2007.

RICE, Simone; CROSS, Graeme. **A guide to implementing clinical teaching method in the law school curriculum**. Sydney: Centre for Legal Education, 1996.

CLINICAL LEGAL EDUCATION AND SPECIALIZED LAW CLINICS IN NIGERIA: THE BAZE UNIVERSITY MODEL DURING AND POST PANDEMIC

Martha Omem
Tosin Oke
Maryam Idris Abdulkadir
Dayo G. Ashonibare
Jessica E. Imuekemhe
Sunday Kenechukwu Agwu

1. Introduction: Clinical Legal Education in The Faculty of Law Baze University

The Faculty of Law Baze University commenced its academic program in 2012. The goal of legal education is to train students to become competent lawyers, conscious of social justice and ethical values. The philosophy of legal education at Baze University is a program committed to outcome-based, learner-centered legal education that integrates knowledge skills, and value competencies. In compliance with the Benchmark Minimum Academic Standard for Law Program by the National Universities Commission, the Faculty offers a 5-year program for 10 semesters for regular intake and a 4-year program for 8 semesters for direct entry students[88].

The Bachelor of Laws program aims to provide students with a solid foundation of legal knowledge to transform society. The objectives of the program are to prepare students for excellent professional practice and commitment to ethical standards; to develop knowledge and competencies that will launch students into successful careers; to equip students to serve the community, especially the disadvantaged members of society; the imbibe the appreciation of the synergy between law and

---

[88] BAZE UNIVERSITY ABUJA. **Students' handbook: Bachelor of Laws (LL.B) program 2021-2025.** Abuja: [*s. n.*], 2021b.

other disciplines and to equip the students with multi-cultural skills for a global environment[89].

1.1 Baze University Law Clinic

Baze University Law Clinic is an on-campus Law Clinic controlled by the Faculty of Law Baze University for student education. The Clinic has a Faculty Coordinator who reports to the faculty Law Clinic Committee and the Dean. [90] The Law Clinic Committee comprises the Clinic Chair, Alternate Chair, Coordinator, Secretary, staff Supervisors, and a Clinic Administrator. The Supervisors are Lecturers who are qualified legal practitioners. The Law Clinic Committee is supported by the student's advisory body of Clinic and Unit leaders.

1.2 Assessment of Clinical Courses.

Clinical Courses are offered from the 2nd year to the 4th year. Ethics and Professional Responsibilities Course is a mandatory one-semester course for 2nd year students. Social Justice and Public Interest Law are offered as an elective course to 3nd year students for two semesters. Clinical and Moot Court course is a mandatory two-semester course for 4th year students. The students have the opportunity for onsite progressive clinical experience. Each clinical course accrues 4 credits. Therefore, the clinical course requires the student to have at least 4 contact hours weekly. The Law Clinic also has independent units such as Alternative Dispute Resolution Units and Migration and Trafficking in Persons Units that run independently of course.

The Clinical courses are for credit and students are assessed. At the discretion of the Supervisor, a combination of tests, projects, essays, reports, or reflective journals are deployed for credit. The assessment for clinical courses differs from that of non-clinical courses. Due to the emphasis placed on access to justice projects, continuous assessment for clinical courses is weighted 40% of total credit with contracts with 30% for non-clinical courses. The students sit for an end-of-semester examination weighted 60% of the total credit for the course.

---

[89] *Ibidem.*
[90] *Idem.* **Baze Law clinic handbook.** Abuja: [*s. n.*], 2021a. p. 4.

The 4th year students are involved in the service components with client contacts. The students decide on a unit of the clinic for credit and engage in the activities of that unit. A reflective journal is a mandatory assessment for 4th-year students. The Law Clinic provides each student with a Clinical Law Clinic logbook where the students record their clinic experience. The logbook is submitted to the unit supervisor for assessment at the end of each semester. Assessment is conducted collaboratively by all Supervisors. The students record their clinic experience for the semester and submit it for assessment to the unit supervisor. The reflective journal makes up 20% of the total assessment for 4th year students.

2. The Law Clinic and Activities During the Pandemic

Most of the clinical courses have community engagement aspects which include advocacy visits, street law programs, justice education outreaches, and seminars. Due to the Covid-19 pandemic and lockdown with restrictions on movement physical community engagements were suspended. The units of the clinic migrated online and continued their activities; however, a few aspects of clinical activities could not be efficiently conducted online. Physical client interviews, street law Projects, and moot court activities were suspended during the pandemic. The clinic resumed these activities after the pandemic. Hybrid modes of community engagement and learning have been adopted post the pandemic.

Specific activities of each unit during and after the pandemic will be discussed below:

2.1 Pre Trial Detention Law Clinic

One of the pioneering units of the clinic is the Pre-Trial detention law clinic which is majorly focused towards the provision of access to justice to indigent pre-detainee in various correctional facilities in the Federal Capital territory and its environs through the implementation of the Administration of Criminal Justice Act, 2015.

Since its inception through partnership projects such as the Law Clinic Partner on Kuje Prisons (LCPK) and the Reforming Pre-trial detention Projects (RPDN) our law clinic students have had the opportunity of meeting with real life clients at the various Correctional Centers such as the Kuje Correctional Center, Suleja Correctional Center and the Keffi

Correctional Center in the Federal Capital territory and its environs. Through this project our law clinic students were able to provide detainees without legal representation with pro bono legal practitioners and follow up pending cases that had been stalled for a long period of time as a result of the outbreak of coronavirus which had hitherto led to the closure of our courts.

Participation in this clinical programme by the students provided the students with skills such as interviewing, negotiation, writing, drafting, listening, speaking, presentation, reading, reasoning, analyzing, researching, time keeping, management and organizational skills and advocacy which are very key to a successful legal practice.

The Covid era was one of the most challenging moments for pre-trial detainees in Nigeria due to the closure of our courts and the continuous use of the pandemic as a ground for the abuse of fundamental rights in Nigeria. Pre-trial detainees during the Covid-19 era suffered set back such access to a lawyer and interpreter where required to safeguard the right to a fair trial to them as either suspects or defendants[91]. Due to the pandemic access to justice through our courts by litigants was almost impossible in Nigeria pursuant to President March 29th, 2020 directing lockdown in the country restricting movements to curtail the spread of the virus in Nigeria thereby impeding the justice delivery in Nigeria by the courts[92].

The students were involved in the Reforming Pretrial detention project which is aimed at reducing the number of pretrial detainees in our correction facilities and ensure the full implementation of the Administration Criminal Justice Act 2015. The students carried out most of their activities virtually due to the fact that there was limited access to detention facilities due to the outbreak of Covid in Nigeria.

Virtual exchange programmes by the students through the Reforming Pretrial detention project where our students had the opportunity of interacting with their counterparts in other universities in the United States and carried out some street law programmes through social media and other online platforms.

During the Covid era our students also had online case review meetings and mock trials using case studies (Civil & Criminal), and in

---

[91] Ensuring Access to Justice in the Context of COVID-19. Available at: https://www.unodc.org/documents/Advocacy-Section/Ensuring_Access_to_Justice_in_the_Context_of_COVID-191.pdf. Accessed on: Dic. 27, 2023.

[92] OGBE, Henry; OYIBOKURE, Gregory. Impact assessment of the covid-19 pandemic and the Nigerian judicial system. **Social Sciences Research**, Awka, v. 9, n. 1, 2023.

line with the virtual court proceedings activated in Nigeria due to the pandemic. The virtual Mock trial was used to give the students an experiential learning opportunity and insight of what transpires in the courtroom. The students were divided into groups and students were made to devote significant time meeting virtually through Google class room/zoom as well as intellectual effort in preparing for the mock trials to improve their skills in the areas of oral advocacy, fact development, legal analysis, witness examination, and trial advocacy.

This provided our students with real life lawyering activities and prepared the student to become a good advocate knowledgeable on the law, masterful in marshalling facts, skilled in the forensic arts, respectful of decorum, compliant with proper procedure, mindful of due process, fair with adversaries, devoted to the client, helpful to the court, honest with everyone, and, above all, persuasive- all the ingredients to support administration of justice[93].

2.2 International Humanitarian Law Clinic

International Humanitarian law (IHL) is the law of armed conflict, they consist of rules of war. They are an embodiment of legal theories and principles on protection of those not participating in armed conflict, or those no longer participating in armed conflict and on a general note it regulates armed conflict by controlling the means and methods of warfare. The IHL Clinic is designed to enable students to learn through experience by applying legal theory of IHL to real-world situations[94]. The objectives of the clinic include; dissemination of the knowledge of IHL, to offer students the opportunity to acquire first-hand practical experience in international humanitarian law and humanitarian affairs during their studies and within the framework of an academic institution[95]. Its objective is to also allow students to acquire and develop skills in legal research, critical thinking, legal analysis, and problem-solving[96]. Additionally, students improve their proficiency in legal drafting, as well as

---

[93] Lesson guide Clinical and Moot Court Practice.

[94] HEINSCH, Robert; POULOPOULOU, Sophia. **International Humanitarian Law Clinic manual: best practices and tools for successfully setting-up and directing an IHL clinic.** [Lebanon]: Diakonia Lebanon International Humanitarian Law Resource Desk, 2020. Jan. 31, 2020. p. 8.

[95] *Ibidem.*

[96] *Ibidem.*

their oral presentation, communication, organization and interpersonal skills. Students are also confronted with ethics and professional responsibility, which is valuable in enabling students to put abstract notions of IHL into a practical context[97].

To actualise these goals and objectives, the IHL clinic of baze university engages students in a series of activities such as; Moot trials and visits to Internally displaced person's camp. The moot trials create an avenue for them to develop research and drafting skills by preparing documents for the trial and generally learn processes and proceedings of international courts. It also sharpens their critical thinking, legal analysis and problem-solving skills by applying principles of IHL to the scenario given for the moot competition. The visit to the camp gives them an avenue to interview victims of armed conflict, use data to assess situations during armed conflict, i.e., whether rules of law are followed. This data could be shared with stakeholders. Also, they are able to identify victims of armed conflict that require access to justice. How did this unit continue its activities during the nationwide lockdown? well the answer lies below:

1. To continue with dissemination of IHL, the clinicians planned and hosted two webinars. This activity required students to draft, communicate/have meetings and conduct research which required a lot of team work amongst themselves using google classroom and whatsapp. In order to get participants for the webinar, they used a lot of social media platforms to publicize the webinars with an e-flier[98] which contained necessary) details of the webinar like; topic of discussion of the webinar, time and date, most importantly the link to join the webinar on zoom[99].

2. The second activity is the IDP Camp project. The clinicians could not conduct field work at the IDP camp, therefore, they concentrated on developing the data they have retrieved over the years in a particular camp- Kuchigoro IDP camp, to draft a proposal based on the needs of the inhabitants of the camp. They used emails to communicate amongst themselves and come up with a complete draft. The draft was presented to the clinic members

---

[97] *Ibidem.*

[98] Available at: https://drive.google.com/file/d/19dc7cyhAbNNV4q2vx3E_wnad2DIcl7S7/view?usp=sharing and https://drive.google.com/file/d/1MCA6SZEEMUTlGFmuu7lTWqhButN97vj1/view?usp=sharing.

[99] Zoom accommodates more participants than google classroom at the time.

via google classroom (it has a feature which allows presentation of documents online) during one of the clinics meetings. They submitted the proposal to various Organizations via emails. An NGO in the United States used the proposal of the students to draft a talking document/action plan for the camp. They also allowed the students to participate in a zoom meeting to discuss said documents. At the meeting, the students were asked questions based on their proposal and they answered accordingly. In summary the proposal made the following impact:

a. A 'kuchigoro Initiative' has been established to help alleviate the suffering of the persons in the camp (victims of armed conflict)

b. There is a need for another assessment in the camp. The proposal has given an insight as to what to expect and focus on for this assessment.

c. The proposal has brought to light that the camp is 'unidentified' by the government thus for any major long-term structure to be put in place, key stakeholders and policy makers in Nigeria need to be contacted.

Under the Kuchigoro initiative, Baze University IHL Clinic will be a working committee that will be engaged in; dealing with Legal issues facing the camp; for example. registration of births, human rights issues, researching the rights of displaced persons. The clinic will partner with Casa Cornelia Law Centre Students in the U.S who will also form part of the committee.

At the end of the semester, an assessment form was posted on the clinics classroom for students to answer[100]. The assessment was meant to assess the impact the clinic has on students and whether the outcome of the clinic is being achieved virtually. The result of the assessment shows that an overwhelming majority of the students involved in the IHL Clinic have improved in one skill or the other especially in; Client Interview Skills, Counseling skills, ADR Skills, Ethics and Professional responsibility Skills and Communication Skills. These skills and more are what IHL Clinic seeks to achieve, they form the objective of the clinic. If these

---

[100] Google form was uploaded in the classwork section of the IHL Clinic classroom, all responses are available via this link https://docs.google.com/forms/d/1ODLwIKlrkAXyJzS1gdH4D0aeVX2QjBHQEooANG7JDOo/edit#responses.

figures continue with a much larger number of students, the outcome of the clinic will be achieved on a greater scale and career paths may be created for students. Secondly, from the reports submitted on the google classroom by students at the end of the semester, it shows that students' knowledge of IHL has improved.

2.3 Migration and Trafficked Persons Law Clinic

The Clinic offers students the opportunity to develop their legal skills especially in Migration Law and International Human Rights Law. It aids Clinic students to develop and practice some of the specialized technical and legal skills needed for Migration Law and Trafficked persons Law cases including effective written and oral communication with clients and organizations. It aims to also develop their skills in human rights advocacy, detailed legal research and drafting law.Another objective of the clinic is to partner with Government agencies like NAPTIP, Nigerian Immigration, National Commission for Refugees, Migrants and Internally displaced persons (NCRM&I) and Civil Society organizations. It will also act as a bridge between migrants and trafficked persons and pro bono legal services if they require any, therefore granting them access to justice in respect to any human rights issue.

This Clinic started functioning amidst the Covid-19 pandemic. A google classroom was created. The following activities were virtually conducted under this unit:

a. The Classroom is being used for weekly meetings and training. The purpose of the training is for students to be acquainted with the objectives of the clinic, and the concept of Migration and trafficking generally. During training sessions students are given tasks/assignments to do and report back to the clinic at the next session.

a. The clinicians wrote a letter to The National Agency for the Prohibition of Trafficking in Persons (NAPTIP) proposing a partnership and sent it via the clinic's email. NAPTIP replied with a positive response via the same channel. A partnership was formed.

a. Also, clinicians decided to make an awareness video on trafficking. Virtually, they held meetings and decided on the script to use for the awareness video, contents (images and videos) to use and the exact message they intended the video to pass across. As a means of getting content for their awareness video, the students of the clinic virtually interviewed a victim of trafficking. The interview took place on the 10th of December, 2020. The victim, who lives in Italy and now has an NGO to help trafficked victims, was impressed by the students of the clinic and she was ready to form a partnership with the clinic and her NGO. The interview was arranged by Turin University, Against Human Trafficking Law Clinic (AHTLC) Italy. This is a law clinic that has formed a collaboration with this unit of law clinic at Baze university.

a. The students were invited for a virtual RoundTable Discussion on Childhood Statelessness in Nigeria in commemoration of the 2020 #IBelong Campaign by the UNHCR. The round table was held on the 18th of November, 2020 and it was well attended by students.

a. The students were invited for a virtual meeting by the Turin University (Italy) Against Human Trafficking Law Clinic (AHTLC) and a collaboration was formed between the two clinics. The collaboration will entail the following:

   i. AHTLC would help gather some information about the situation of trafficked Nigerian women in Turin/Italy for the awareness program Baze law clinic wants to embark on. This will also include some Italian NGOs in this conversation. It was decided that a victim of trafficking in Italy will be interviewed by the M&TP law clinic of Baze University and AHTLC of Turin university will arrange this interview.

   ii. The M&TP Law Clinic could potentially be involved in gathering country of origin information from Nigeria (mainly on the situation of returned victims of human trafficking) in order to support the cases handled at AHTLC.

   iii. Students/alumni from Abuja/Turin will get connected in order to exchange experience and knowledge in a more informal way. For the purposes of the aforementioned and for purposes of case sharing a 'Slack'[101] account was created and students from both universities have been encouraged to use the platform for the purposes for which it was created.

2.4 Social Justice Law Clinic

This unit of the law clinic is a component of the Social Justice and Public Interest Law for 300 level students. The course aims to expose students to the theories of social justice. One of the objectives of the course is to avail the students the opportunity to gain knowledge of public interest organizations and activities through visits to such organizations. The students are also expected to undertake street law projects as part of the assessment for the course. Physical visits to public interest organizations and physical street law engagements were suspended during the Covid-19 pandemic. The assessment component was based on essays, students' presentations, and case studies. Social Justice Law Clinic the course encouraged reflection through student presentation of projects to their peers. Feedback from peers and supervisors enhanced the students' reflections. Peer review of reflections was retained post Covid-19.

Post the pandemic, the students have been involved in various community engagements. Virtual community engagement was retained post-pandemic. The students conducted a university-wide sexual harassment survey via Google Forms in November 2022. Findings from the anonymous survey were compiled in a report to the university management with recommendations to curb sexual harassment. Physical community engagement to enlighten the Rugar Muhammadu community on the law on waste disposal and educate them on the proper ways to care for their environment even on a low budget. A campaign video was created to enlighten and draw the attention of the requisite authorities responsible for waste disposal issues in rural communities such as Rugar Muhammadu in Nigeria.

---

[101] Slack is a proprietary business communication platform developed by American software company Slack Technologies. Slack offers many IRC-style features, including persistent chat rooms organized by topic, private groups, and direct messaging.

3. Activities of The Clinic Post Pandemic

After the pandemic and ease of lock down globally, physical activities returned. For the law clinic at Baze University, this meant returning to normal physical activities while bearing in mind occurrences of the past months. Specificity on post pandemic era is discussed below:

3.1 Pre- Trial Detention Law Clinic

Pursuant to the return to normalcy and resumption of activities in our academic institution which had our students resumed back to physical activities in the school, some of the lessons learnt during the post Covid era were retained by the clinic. One of the major innovations that was retained by the clinic was the online virtual meetings, class room clinic activities reporting system and online street law programmes. The retention of the activities was predicated on the successes achieved through the use of most of this platform during the Covid era. It was observed that the students were able to improve in their communication skills, writing skills, presentation skills and proficiency in the use of computers.

3.2 International Humanitarian Law Clinic (IHL) Law Clinic

Post pandemic, the IHL clinic saw physical activities return but with a sense of possibilities created during the lockdown. A new form of blended learning and activities ensued. For instance, dissemination of the knowledge of IHLcontinued both physically and online with webinars and seminars. The determining factor was usually convenience of speaker and demographic of participants (especially if clinicians intend webinar to include clinicians from other universities). Visits to the internally displaced persons camp (IDP) to interact and provide services to victims of armed conflict resumed because it is a physical activity. However, preparation for camp visits like meetings by clinicians and raising awareness about the plight of the inhabitants of the camp had both physical and online components.

3.3 Migration and Trafficked Persons Law Clinic

This clinic was created during the lockdown, therefore never had any physical activity till after the pandemic. Again, just like the IHL Clinic, some form of blended learning and activities ensued. For instance, the clinic started having physical and online meetings, collaboration with the clinic at Turin University, Italy continued online.

3.4 Alternative Dispute Resolution (ADR) Law Clinic

The Alternative Dispute Resolution Clinic is a unit of the Baze University Law Clinic. Alternative Dispute Resolution (ADR) as a term covers the whole range of alternatives to litigation within the formal justice system. Despite the constitutional authority vested in the judiciary (courts) to preside over disputes between parties, the practice of ADR in the legal profession has experienced tremendous growth. Law firms and private organizations have taken up the initiative to adopt the use of ADR mechanisms to settle disputes as a comprehensive dispute settlement alternative or as an initial means before parties explore litigation.

The need for alternative means of dispute resolution arose because of several issues that have plagued the Nigerian judicial system for many decades. Indeed, the practice of litigation has not been very effective in meeting the needs for citizens to access justice. Some of these issues include the delay in trials, rigidity of trial procedure, high cost of litigation, win-lose adversarial trial system, destruction of the potential for future relationships between disputing parties, and more. The combination of the above-mentioned issues has, in reality, occasioned denial of justice, and indeed, delayed justice is tantamount to justice denied. ADR mechanisms were, therefore, developed and adopted to supplement litigation as a more peaceful and user-friendly option for resolving disputes.

The emergence of the Covid-19 virus globally and specifically in Nigeria heightened the need for the use of ADR mechanisms. Factors such as strict travel policies, the emergence of more Covid-19 variants, lack of vaccinations, and strict Covid-19 preventive measures made it difficult for Nigerian citizens to access justice using traditional means of dispute resolution. The flexible and convenient nature of ADR methods made it a more reliable dispute resolution method. Consequently, individuals did not have to travel outside of their jurisdiction to settle their disputes.

Parties used Online Dispute Resolution (ODR) mechanisms via virtual conferencing to resolve their issues. Through this means, several cases were resolved in a timely, cost-effective, and efficient manner.

The ADR Unit of the Baze University Law Clinic was set up in March 2022, post-Covid-19. However, the above issues and the proliferation of the use of ADR during the Covid-19 era were the impetus that led to the call for the establishment of an ADR unit in the law clinic. The business of the Clinic is to encourage students to adopt the use of alternative dispute resolution mechanisms to resolve issues before resorting to the use of litigation. Essentially, the clinic is concerned with training students in the vital skills to practice ADR mechanisms and sensitizing the public and clinicians on the relevance and applicability of alternative dispute mechanisms.

Given the prevalence and mainstreaming of the use of ADR in Nigeria, the unit has invested in providing students with practical knowledge and training on how the various ADR methods can be applied to real life cases. Participation by the students in the ADR Clinic Unit has offered students a comprehensive platform to cultivate essential legal skills, particularly in ADR. Through workshops, training sessions, and networking events, students have developed proficiency in effective writing, oral communication, legal research, client problem-solving, negotiation, emotional intelligence, critical thinking, and interpersonal skills. The Clinic has also actively promoted student participation in national and international ADR competitions, fostering a practical learning environment. Additionally, educational visits have further enhanced the understanding of ADR methods, providing students with a well-rounded experiential education in the field.

As stated above, the ADR ClinicUnit was created after the Covid-19 pandemic. The following are some of the activities that have been conducted under this unit:

1. Baze ADR Law Clinicians visited the Uwais Dispute Resolution Center in Gudu, Abuja (formerly known as the Abuja Multi-door Court House), gaining valuable insights into its operations. The center, located beside the High Court of Gudu, is a powerhouse in Alternative Dispute Resolution (ADR), handling various ADR matters such as arbitration, mediation, and conciliation. Its close collaboration with the High Court of Gudu in resolving

cases through ADR mechanisms was highlighted. The clinicians learned about the unique aspects of the center and the advantages of utilizing ADR methods. Additionally, they explored how pursuing a law degree contributes to becoming a proficient ADR practitioner.

2. The Baze Law Clinic utilizes its social media platforms to enhance the visibility of the clinic and to raise awareness about the various types of dispute resolution mechanisms within the ADR Spectrum. The unit shares bite-sized content on technicalities, relevant laws, and topics related to Alternative Dispute Resolution Mechanisms every Tuesday. This activity is tagged 'ADR TUES-DAYS.' This approach aims to provide accessible and informative content while engaging the audience and promoting a better understanding of legal issues and ADR practices.

3. The Baze ADR Law Clinic's inaugural hybrid conference on "ADR in the Digital Era," held on November 15, 2022. Chaired by Prof. Ernest Ojukwu (SAN), the Chairman of the Baze University Law Clinic, the event featured esteemed speakers, including Chief Bayo Ojo CON (SAN), Former Attorney General of the Federation; Hon. Justice Mary Itusueli (ADR Judge in the High Court of Edo State); Dr. Adeola Adams, Vice President, Exams and Records ICMC, and Alhaji Abdullateef Salaudeen, Director General Uwais Dispute Resolution Center. The conference effectively educated students on the virtual dynamics inherent in ADR practice, particularly its implications for mediation and arbitration practitioners in Nigeria. The speakers shared valuable experiences on utilizing ADR during the Covid-19 pandemic, highlighting observed challenges and the benefits it provided by enhancing access to justice when formal court proceedings were halted.

4. The Unit, in collaboration with the Institute of Chartered Mediators and Conciliators (ICMC) Nigeria, organizes mediation and certification courses for associate membership available to student clinicians in the faculty. These ICMC trainings are not exclusive to law clinicians but are also open to students studying peace & conflict and political science. This inclusivity reflects the interdisciplinary nature of mediation, which spans various

academic fields. The course content encompasses a range of topics, including the ADR Spectrum, Conflict Analysis Tools, Personality Types, Effective Communication, Strategic Negotiation, Mediation Principles and Practice, Conciliation Articles, and more. Participants undergo intensive training, equipping them with the essential skills required to become proficient mediators. The objectives behind the collaboration between the Unit and the Institute include:

a. Practical Experience: The courses offer students practical, hands-on experience in the field of alternative dispute resolution (ADR), allowing them to apply theoretical knowledge in real-world scenarios.

b. Insights into ADR Spectrum: Students gain valuable insights into the diverse spectrum of alternative dispute resolution, including mediation and conciliation. This exposure enhances their understanding of various ADR methods.

c. Essential Skills Development: The training sessions focus on developing essential skills and disciplines required for individuals aspiring to become certified mediators. This includes communication, negotiation, and conflict resolution skills.

d. Professional Certification: The courses aim to guide students toward associate membership with the ICMC, providing them with a recognized professional certification in the field of mediation.

e. Career Opportunities: By obtaining certification, students enhance their employability and open up potential career opportunities in the growing field of alternative dispute resolution.

f. Contribution to Legal Education: The initiative contributes to the overall legal education of students by offering a specialized and practical component, aligning with the evolving landscape of legal practice.

g. Alignment with Industry Standards: Collaboration with ICMC ensures that the courses adhere to industry standards, providing students with knowledge and skills that are relevant and applicable in the current legal and ADR landscape.

5. A debate titled 'Litigation v ADR: which is a better tool for dispute resolution' was also organized by the Clinic. The aim of the debate was to encourage critical thinking and foster intellectual discourse among students on the dynamics of ADR and litigation. ADR Clinicians were split into two groups—those advocating for ADR as a superior tool for conflict resolution and those asserting the effectiveness of litigation. Participants delved into the complexities of both litigation and Alternative Dispute Resolution (ADR), fostering a nuanced understanding of these essential conflict resolution mechanisms. The debate served as a platform for students to bridge theory and practice, allowing them to apply legal concepts to real-world scenarios. As participants articulated their arguments and counterarguments, they not only honed their public speaking and communication skills but also developed an appreciation for the multifaceted nature of legal practice. Through the debate, clinicians not only gained the skills necessary for informed decision-making in dispute resolution but also positioned themselves for future professional debates. The discussion sparked a curiosity that propels students into a lifelong learning journey, encouraging them to continuously explore the evolving dynamics of litigation and ADR throughout their legal careers.

6. In commemoration of Restorative Justice Week in 2023, a seminar was conducted which was tailored exclusively for law students.[102] The initiative aimed to deepen the understanding of Restorative Justice principles, practices, and their potential impact on the Nigerian legal system, specifically the criminal justice system. This was deemed an important topic to discuss given the call for a more restorative approach to criminal justice which forms one of the core objectives behind the enactment of the Administration of Criminal Justice Act 2015. Restorative justice is a transformative approach to addressing conflicts and crimes. It emphasizes repairing harm caused by wrongdoing and focuses on restoring relationships between offenders, victims, and the community. This approach seeks to provide meaningful accountability, promote empathy, and foster collaborative problem-solving, ulti-

---

[102] Emphasis was made for the attendance of criminal law students.

mately contributing to a more just and equitable legal system. The seminar delved into the intersection of Restorative Justice and Alternative Dispute Resolution (ADR), notably mediation. Participants gained a nuanced understanding of how restorative justice practices, akin to mediation, can serve as a powerful tool in resolving conflict[103] in the criminal justice system. By emphasizing dialogue, empathy, and collaborative problem-solving, Restorative Justice aligns with the core principles of mediation. Another key highlight was the potential of restorative justice to address pressing issues within the Nigerian criminal justice system. The practice has the capacity to alleviate problems such as prison overcrowding and recidivism. By focusing on repairing harm and rebuilding relationships, restorative justice contributes to breaking the cycle of criminal activity. Equipping law students with the knowledge of restorative justice, particularly its synergies with ADR, empowers them to advocate for a more holistic and effective legal system. The seminar illuminated the transformative potential of restorative justice in not only addressing individual cases but also in fostering a more just, humane, and efficient criminal justice framework for Nigeria.

7. A student facilitated seminar titled 'LinkedIn Launchpad for Training ADR Clinicians: Elevating Professional Careers' was carried out by the ADR Unit. LinkedIn, as the world's premier professional platform, serves as a pivotal space for Human Relations Representatives and job seekers. Given its paramount importance, it is essential for clinicians to harness the power of LinkedIn for their professional journeys. The seminar was specifically designed to empower clinicians in this regard. The following were the benefits that accrued from students attendance of the seminar:

a. Networking Strategies and Etiquette: Participants gained insights into effective strategies for building and expanding their professional network on LinkedIn. By understanding the nuances of networking etiquette, clinicians are better equipped to establish meaningful connections within the ADR field.

---

[103] According to Nils Christie, crime is fundamentally a conflict between two or more individuals, and the State, by virtue of the concept of the state contract with its citizens, mediates and addresses this conflict.

b. Content Creation and Sharing: The seminar focused on teaching participants how to curate and share valuable content, positioning them as thought leaders in the ADR domain. This skill is integral for clinicians aiming to showcase their expertise and engage with the professional community.

c. Leveraging LinkedIn for Career Growth: Clinicians explored the practical aspects of using LinkedIn for career growth. This encompassed identifying job opportunities, connecting with potential employers, and staying informed about industry trends. LinkedIn's role as a tool for career advancement was emphasized.

By delving into these key areas, the seminar provided clinicians with actionable strategies to maximize their presence on LinkedIn, fostering a robust professional identity in the ADR field. The knowledge gained in networking, content creation, and career growth on LinkedIn positions clinicians for success in their professional endeavors.

Recommendations for the increase in Virtual Activities in the ADR Clinic Unit

1. It is recommended that the Unit conducts webinars and online workshops to educate students and practitioners on various aspects of ADR. These webinars can cover topics such as the fundamentals of ADR, emerging trends, and specialized areas within the field. It will not only provide academic insight but also allow for interactive discussions and Q&A sessions, creating an engaging and informative learning experience.

2. It is recommended that the clinic organize virtual mock ADR competitions to enhance students' practical skills in a remote setting. Virtual mock ADR competitions will be instrumental in translating theoretical knowledge into practical skills. This approach will allow clinicians to apply ADR techniques in a remote setting and compete with teams from other ADR Clinic Units all over the world.

3. It is also recommended that the Unit incorporate online dispute resolution simulations to train participants on how to navigate

ADR scenarios virtually. This involves creating realistic case scenarios where participants can engage in virtual mediation or arbitration sessions. Online dispute resolution simulations will provide clinicians with hands-on experience in navigating ADR scenarios virtually. Through these simulations, clinicians will be able to gain proficiency in using online platforms and develop the necessary skills for effective online dispute resolution.

4. It is recommended that the Unit conducts sessions on using digital tools for legal research, document drafting, and case management in the context of ADR. These sessions are crucial for adapting ADR practices to the digital landscape. This approach will involve practical training on tools and software relevant to ADR professionals. Clinicians will learn to leverage technology for efficient case analysis, research, and document preparation, enhancing their overall effectiveness in ADR processes.

5. It is also recommended that the Unit hosts virtual networking events to facilitate connections between students, professionals, and experts in the ADR field. This will involve organizing online forums, panel discussions, or roundtable sessions where ADR practitioners can share insights, experiences, and best practices with clinicians. Building a virtual community on the use and practice of ADR will foster local, regional and international meaningful connections and expand the Clinics networks within the ADR space.

3.5 THE SOCIAL JUSTICE LAW CLINIC

Post Covid Era, the clinic experienced an increase in the number of student volunteers for the clinic. This made the clinic carry out an increased number of projects and activities. The following are some of the activities of the law clinic post Covid:

3.5.1 Virtual Seminars and Hybrid Conferences

The clinic organized webinars every semester on various aspects of the curriculum. The experience of the Covid-19 Pandemic taught the clinic that webinars have now become a great tool for learning. One of such virtual seminars was the one discussing the Overturn of Roe v. Wade by the US supreme court and its implications for Nigeria. The Social Justice and Public Interest Law Clinic organized a virtual interaction to discuss Roe v. Wade, the recent decision of the Supreme Court of the United States, its implications and the clamour for the review of the abortion regime in Nigeria. The interaction was nothing short of educative, informative and amazing. It was a hybrid event, having contributions from online and physical attendees. The speakers at the event were Prof. Jenny Lyman of Gorgetown University Law Centre, Mrs. Ozioma Izuora of Baze University and Chiemelie Michael Agu, a Nigerian born –US Based attorney.

Another of such hybrid event was the 2022 NELSON MANDELA DAY. In commemoration of Nelson Mandela Day 18th of July yearly, as declared by the United Nations in November of 2009, the Social Justice and Public Interest Law Clinic celebrated this day by joining a zoom meeting organized by the Global Alliance for Justice Education (GAJE). This session discussed the great life of Nelson Mandela, and his fought for equality, freedom and justice. His impact on the apartheid regime in South Africa and his incredible legacy were also discussed.

3.5.2 The Education Rights Project at KNOSK School Kuje.

The KNOSK N100-A-Day Secondary School is located in the heart of Kuje, Abuja. KNOSK is coined from the words: Knowledge, Skill and Creativity. KNOSK is coined from the words: Knowledge, Skill and Creativity. As the name implies, the tuition for the students pee term is #100 day amounting to #6,000 a term. KNOSK is Nigeria's pay-as-you-go, pay-as-you-can, crowd funded, private school for children from low income families @ N100/day. For as low as N100 a day school fees, the students get quality action learning, free books, uniforms, free sanitary pads monthly for the girls.

The Social Justice Unit of the Baze University Law Clinic commenced a project with the school as an offshoot of our study on the rights of a child to education in Nigeria. The project at the school was to educate the students on their fundamental rights as Children. The project themed "Child Rights To Basic Education Project 2022" commenced on the 27th Of May, 2022 which was Children's day and we concluded Lessons on Friday, 8th Of July after six weeks of in-depth learning. On the 15th of July, we conducted an exam for the students to test their knowledge on the lessons learnt and encourage them.

During the six weeks, the students were taught topics such as:t "Who Is A Child", "Child Rights" "Child's Right Act, provisions that protect children rights" "The Basic Rights Of A Child", "Protection Rights Of A Child", the measures to take to make sure children's rights are protected and respected, and The Child's Right under Parental Guidance.

About 18 student clinicians voluntarily taught these students consistently for the six weeks of learning and they were extremely friendly with the students and in-depth in teaching.

We successfully concluded the project with the KNOSK school on Wednesday the 27th Of July which was also their End Of Year Solution Hackathon and Prize Giving Ceremony. We presented award certificates to the best three students in the exams and scholarship for one term for the best two. All the over 270 students got gifts of brand new school sandals from the clinic.

3.5.3 Periodical Informative Posts and Postcards

The Social Justice and Public Interest Law Clinic is of the view that social justice promotes fairness

and equality across many aspects of society. Every week, the clinic designs post cards and e-fliers that speak to one area of the subject or another. These cards are shared with informative briefs on the law clinics social media handles. This was also started post Covid-19 era.

3.5.4 Social Justice Special Lecture

The Social Justice and Public Interest Law Clinic Special Lecture on the theme "Social Justice in a Digital Economy", was held on the 1st of March, 2022. The esteemed special lecturer was Prof. Sam Erugo, SAN.

During the event, the importance of social justice in the modern digital labour age was emphasized. Social Justice seeks to ensure fair participation between all groups in society, as far as their diversity stretches. Principles such as human rights, access, diversity and gender equality guide the hand of social justice.

The Covid-19 Pandemic necessitated some of the working-class community to adopt new ways to transform the world of work. The digital labour platforms have given workers income-generating prospects that are more flexible as compared to previous means of work. Due to this innovation, the need for equal distribution of wealth, employment, housing, healthcare and so much more, has also been on the rise. The United Nations has shown its commitment to this cause by adopting the International Labour Organization and the Declaration on Social Justice for a Fair Globalization which focuses on guaranteeing results that are just for all through employment, social protection, social dialogue and fundamental principles and rights at work.

The digital economy is transforming the world of work as we know it. This is an economy that is based on digital computing technologies, it is often perceived as conducting business through markets based on the internet and the World Wide Web. The outcome of the pandemic led to the proliferation of digital platforms, remote working arrangements and reinforcing the growth and impact of the digital economy.

In essence, the call for Social Justice in the Digital Economy is a recognition of the urgency in addressing new social justice challenges, the growing digital divide in terms of availability, affordability and use of ICTs to access the internet.

At the end of the lecture, the participants agreed that Social Justice can only be achieved through institutions and services working together to implement the principles of this cause and enthrone them in the Digital Economy.

3.5.5 Visit to The National Human Rights Commission (NHRC)

Almost every semester as part of the Social Justice and public Interest Law Curriculum, students visit the various institutions involved in social justice issues in Nigeria. The National Human Rights Commission have now become a regular routine visit for our students. The visit and study tour to the National Human Rights Commission. During the visit, our students are enlightened on some of the proceedings that took place and are still ongoing by the investigative quasi-judicial panels. These panels review petitions concerning fundamental human rights violations by some officers from the Nigerian Police Force and the now-disbanded Special Anti- Robbery Squad (SARS).

The clinicians were also enlightened by key staff members of various departments under the commission, namely; the Complaints Registry Department, Monitoring Department, Civil and Political Rights Department, Legal Services/ Enforcement Department, Human Rights Education

Department, Vulnerable Persons Department, Cultural and Socio-economic Department, Women

and Children's Department and Human Rights Institute Department. Each department educates the clinicians on the duties, roles and functions they have in fulfilling the mandate of the Commission.

3.5.6 Social Justice Law Clinic Environmental Day Campaigns

The Social Justice Clinic runs awareness campaigns on World Environmental Days annually. The focus is usually as directed by the United Nations and the Network of Universities Legal Aid Institutions (NULAI) Nigeria. The students carry out activities such as round the campus tours, collection of plastics and plastic wastes and other Climate Justice Awareness programs.

3.5.7 Visitation to Suleja Prisons

In commemoration of Criminal Justice Day (July 17), the Social Justice Law Clinic visits the Suleja Prison. At the prison, the interact with inmates, make donation of welfare materials to them and sometimes pay the fines of the petty crime offenders.

This has been carried out for two consecutive years now.

3.6 THE ETHICS LAW CLINIC AND ANTI-CORRUPTION VANGUARDS

The Ethics and Anti-corruption Law Clinic is one of the specialized clinics at Baze University. It is concerned with the practical aspect of the Ethics and Professional Responsibility Course that the students take in their 200 Level. The Ethics and Anticorruption Law Clinic is the incorporation of Ethics and Professional Responsibility and The ICPC (Independent Corrupt Practices and other related offenses) Students' Vanguard. The Ethics and Anti-Corruption Law Clinic is primarily interested in highlighting and promoting the importance of ethical living, decision-making, professional standards, and creating awareness about Corruption and ways of combating it. The aims of the Clinic include: To highlight the importance of, and promote ethical living and decision-making as it reflects in the legal profession; To take steps towards promoting values and morals; To encourage and promote the upholding of professional standards; To combat corruption and raise awareness of the importance of anti-corruption; To highlight, promote, and work based on the nexus between ethical values and the law.

Ethics and anti-corruption Law clinic was fully launched as a unit of the Baze University Law Clinic in 2021after the pandemic. Some of the activities and projects carried out by the Clinic since inception include:

3.6.1 Ethics and Anti-Corruption Conference

Every year the unit has organized a conference on various topical areas of Ethics and Anti-Corruption ranging from; Financial Autonomy for the Judiciary; Issues on Ethics, Values and Corruption in 2022 to Elections, Ethics and Corruption in 2022 and Ethics, Values and the Role of Students in combatting Financial Crimes in 2023.

The conference has witnesses speakers and guests such as Prof. Yemi Akinseye-George (SAN), The President of the Centre for Socio Legal Studies, Hon. Justice Monica Dongban- Mensem, President of the Court of Appeal. Prof. Tahir Mamman, SAN, OON, (The then Vice Chancellor and now the Federal Minister for Education, Justice Binta Nyako, of the Federal High Court, Chairman and staff of Nigeria's Ethics, Anti-Corruption and Values agencies such as the Economic and Financial Crimes Commission, the Independent Corrupt Practices Commission, National Orientation Agency, National Human Rights Commission, National Finance Intelligence unit among others. It has also received the esteemed presence of the President of the Nigeria Bar Association, the various branches of the Bar in Abuja, Lecturers, staff and students from within and outside the faculty of law, the media and other visitors.

It usually provides a robust engagement between very senior lawyers, intellectuals and law students.

3.6.2 The Ethics and Integrity Vanguards: the ICPC inaugurated the Ethics and Anti-

Corruption Vanguards. This is to serve as the anti-corruption and value orientation club for Baze University Abuja. The students who volunteer for the club were drawn from the Ethics and Anti- Corruption Law Clinic. It however, admits members across all the departments in the school.

3.6.3 Informative Quote of The Week.

The unit publishes and circulates weekly quotes on Ethics and Anti-Corruption via the Clinic's social media platforms. The quotes emphasize the importance of always doing what is right. Quotes such as "The time is always right to do what is right", reminds the students and society that there is never a wrong or specific time, it is always the right time to do what is right. This quote highlights that there are no shortcuts in tackling corruption. It makes emphasis on the importance of doing what is right- the right way and the willingness to do so. Every individual acting in a professional capacity must embrace being a real professional. This quote emphasizes that even if everyone is doing the wrong thing, it doesn't make it right. No matter where you find yourself, you should always do the right thing despite what everyone else is doing. By doing so, you would stand out and pull the wrong people to do what is right.

These quotes are posted as poster cards with brief explanation on all the clinic's social media handles.

3.6.4 Training Sessions with NFIU

The Clinic has placed the University on record as the first university in Nigeria to sign a Memorandum of Understanding (MOU) with the Nigerian Financial Intelligence Unit (NFIU). In furtherance of this MOU, every semester, the NFIU conducts a 1-day training session for our students. The MOU has also provided our students with the opportunity to join the NFIU as interns during their holiday periods.

The training session held at NFIU's office provides a unique and invaluable opportunity for students to delve into the intricacies of ethical practices in the realm of financial intelligence. It seeks to empower participants with knowledge and understanding pertaining to Anti-Money Laundering (AML) and Countering Terrorism Financing (CTF), two critical facets of modern financial Crimes.

The unit also carries out other activities such as: online lecture series, interactive sessions, and debates.

4. Data Presentation and Analysis

Qualitative and quantitative data was collected and analyzed to assess the impact of the pandemic era on the student clinicians. The data results are as follows:

a. Data presentation

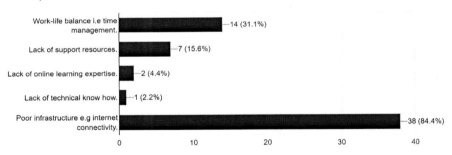

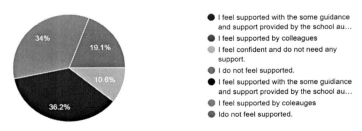

b. Data Analysis

Feedback from the students on virtual learning platform evaluation indicated that most of the students improved on technical skills due to the migration to strictly virtual engagement but 84.4% of the respondent's encountered challenges with infrastructure such as absence of laptops and poor internet connectivity. Internet connectivity issues affected lectures and students at different intervals during virtual sessions. Work-life balance was also a challenge a s 31.1% of the students were unable to effectively devote time to learning. Follow up interviews were conducted and most of the students with children expressed the difficulties with preparing their children for virtual classes while they equally had to attend classes. The lack of conducive environment was also highlighted as most students had to attend classes from their bedroom. Most of the students indicated preference for physical learning over remote learning. However, the availability of recorded sessions and the ability to refresh memory after class sessions was highlighted as a significant highlight of remote learning that was not available in a physical classroom.

Most of the students felt supported for the transition to remote learning. While 36% of the Respondents indicated that guidance and support provided by the university authorities, a significant 34% got support from colleagues. Although 10.6% did not require support, a significant 19.1% of the Respondents did not feel supported. There will be a need for better orientation on navigating the virtual environment to accommodate all students.

5. Findings

The narrative above from the different units in the law clinic of Baze University has led to the following findings:

a. Lack of physical activity in a law clinic does not deter or stop functionality of the clinic entirely. Technology has played a huge role in ensuring that clinical activities continued even during a pandemic lock down.

b. Specialized units in a law clinic allows for better management of the clinic, goals are easily achieved even in limited circumstances like a pandemic and captures the interests of students.

c. Blended learning i.e. use of technological tools and physical activities is a creative means to engage students and makes the work of the supervisor quite easy.

6. Recommendations

Based on the findings outlined above, this paper recommends as follows:

a. Technology should be strongly encouraged and used in the teaching, learning process and meetings in the clinic. For instance, Creation of an effective Case reporting and management software system to enable continuity. Also, Dedicated link for the clinic on the University websites to help promote the activities of the clinic across board. With the use of technology, an online mentorship and exchange programmes should be encouraged.

b. Investments in Law clinic facilities. The law clinic requires proper structures to cater for client interview rooms, standard libraries, laptops, printers, office files for cases etc. in order to enhance the services rendered.

c. Specialized units and student law practice should be considered in order to give the students live experiences like we have in the United States of America.

7. Conclusion

The Baze University Law clinic presents a model that is student centered and focused, thus has an array of specialized units which will cater to the varying interest that students have at the university. The specialized units each present a description of activities during and post pandemic era, in fact some units were created during and after the pandemic. This paints the picture of feasibility of continuation of a clinic with ease whatever the eventuality. This model, though not popular in this jurisdiction might just give a glimpse to the future of Clinical legal education in Nigeria as proposed by this paper.

References

ALBANY COMMUNITY LEGAL CENTRE INC. **Annual Report 2019-20**. [Australia]: [*s. n.*], 2020.

AUSTRALIAN LAW REFORM COMMISSION. **Future of Law reform report**. [Australia]: [*s. n.*], 2019.

AUSTRALIAN LAW REFORM COMMISSION. **Future of Law reform update**. [Australia]: [*s. n.*], 2020.

BARWON COMMUNITY LEGAL SERVICE. **Services update**: covid-19 response. [Australia]: [*s. n.*], Mar. 17, 2020.

BAZE UNIVERSITY ABUJA. **Baze Law clinic handbook**. Abuja: [*s. n.*], 2021a.

BAZE UNIVERSITY ABUJA. **Students' handbook**: Bachelor of Laws (LL.B) program 2021-2025. Abuja: [*s. n.*], 2021b.

BESWICK, Samuel. Retroactive adjudication. **Yale LJ**, [United States], v. 130, 2020.

BROUSSARD, Cynthia *et al*. Teaching legal technology: a critical conversation on legal technology skills and training. **AALL Spectrum**, [United States], v. 21, n. 4, 2017.

CANTATORE, Francina. New frontiers in clinical legal education: Harnessing technology to prepare students for practice and facilitate access to justice. **Australian Journal of Clinical Education**, [Australia], v. 5, n. 1, p. 1-18, 2019.

CANTATORE, Francina; NAKANO, Kazumi. An overview of Australian clinical legal education in pandemic times: possible impacts on the development of graduate employability skills. **Australian Journal of Clinical Education**, [Australia], v. 9, n. 1, p. 53-71, 2021.

FEDERATION OF COMMUNITY LEGAL CENTRES VICTORIA. **Community Legal Centres and covid-19**. [Australia]: [*s. n.*], [2020].

FERNANDEZ, Alex; SHAW, George. Academic leadership in a time of crisis: the coronavirus and covid-19. **Journal of Leadership Studies**, [United States], v. 14, n. 1, 2020.

HEFFERNAN, Madeleine. Casuals bore the brunt as covid drove unis to shed 7500 jobs. **The Age**, [Australia], May 12, 2021.

HEINSCH, Robert; POULOPOULOU, Sophia. **International Humanitarian Law Clinic manual**: best practices and tools for successfully setting-up and directing an IHL clinic. [Lebanon]: Diakonia Lebanon International Humanitarian Law Resource Desk, Jan. 31, 2020.

HURLEY, Peter. Coronavirus and international students. **Victoria University**, [Australia], 2020.

KASNECI, Enkelejda *et al.* ChatGPT for good? On opportunities and challenges of large language models for education. **Learning and Individual Differences**, [Netherlands], v. 103, 2023.

LATHOURIS, Olivianne. Australia's covid-19 crisis: state-by-state guide to border restrictions and lockdowns. **Nine News**, [Australia], July 12, 2021.

LAW SOCIETY OF NEW SOUTH WALES. **Future of Law and innovation in the profession**. [Australia]: Commission of Inquiry Report, 2017.

LAWRIGHT. **Annual Report 2020**. [Australia]: [*s. n.*], 2020.

LEXISNEXIS LEGAL & PROFESSIONAL. **Generative AI & the legal profession 2023 Survey Report**. [United States]: [*s. n.*], 2023.

MARSHMAN, Ian; BARÉ, Edwina; BEARD, Jennifer. As universities face losing 1 in 10 staff, covid-driven cuts create 4 key risks. **The Conversation**, [Australia], n. 12, Sept. 28, 2020.

MATT, Thomas; BELLINGER, Nicholas; McDONALD, Katherine. The silver lining in the black cloud of covid-19. **International Journal of Clinical Legal Education**, [United Kingdom], v. 27, n. 4, 2020.

McFAUL, Hugh; RYAN, Fiona. Special issue: clinical and public legal education. **International Journal of Clinical Legal Education**, [United Kingdom], v. 27, n. 4, 2020.

MICHEL-VILLARREAL, Ricardo *et al.* Challenges and opportunities of generative AI for higher education as explained by ChatGPT. **Education Sciences**, [Switzerland], v. 13, n. 9, 2023.

MONASH UNIVERSITY. **Monash Law Clinics annual report 2019-2020**. [Australia]: [*s. n.*], 2020.

OGBE, Henry; OYIBOKURE, Gregory. Impact assessment of the covid-19 pandemic and the Nigerian judicial system. **Social Sciences Research**, Awka, v. 9, n. 1, 2023.

PEARSON, Nicholas; WOOD, Richard. Covid-19 breaking news: Southeast Queensland goes into lockdown. **Nine News**, [Australia], June 29, 2021.

SUSSKIND, Richard; SUSSKIND, Daniel. **The future of the professions**: how technology will transform the work of human experts. Oxford: Oxford University Press, 2015.

TAYLOR, Monica. Legal clinics get a boost from UQ law students. **UQ News**, [Australia], May 13, 2020.

TOMAZIN, Farrah; MILLAR, Royce; CAREY, Adam. International student losses set to punch $18 billion hole in economy. **The Age**, [Australia], Apr. 4, 2021.

UNIVERSITIES AUSTRALIA. 17,000 Uni jobs lost to covid-19. **Media Release**, [Australia], Feb 3, 2021.

UNIVERSITY OF SOUTH AUSTRALIA. **Legal Advice Clinic**. [Australia]: [*s. n.*], 2020.

WAPPLES, Elizabeth. Promoting positive mental health in international postgraduate law students at a time of global uncertainty: a case study from QLegal at Queen Mary University of London. **International Journal of Clinical Legal Education**, [United Kingdom], v. 27, n. 4, 2020.

WILLIAMS, Mark. "Moneyball for lawyers": how technology will change the practice of law. **Bulletin (Law Society of South Australia)**, [Australia], v. 38, n. 5, 2016.

ZHOU, Naaman. Australian universities flag more budget cuts, job losses in the next year. **The Guardian**, [Australia], Feb. 26, 2021.

ZIEBELL, Nicola *et al.* **Australian education survey**: examining the impact of covid-19 report summary. [Australia]: University of Melbourne, 2020.

LEGAL EDUCATION IN AN AGE OF DISRUPTION: INSIGHTS IN NAVIGATING TECHNOLOGICAL CHANGE

Francina Cantatore

1. Introduction

The last few years have seen a pivotal shift in legal education; most notably in relation to technology use in response to the Covid-19 global pandemic, followed by the impact of generative artificial intelligence (GAI) use of large language models (LLMs) such as ChatGPT. Online and multimodal teaching have become commonplace in tertiary institutions due to a pressing need to continue with content delivery and meeting student needs, and as a result a different skillset has emerged as a requirement for legal educators. This paper provides, first, an overview of some of the measures taken at an Australian university to deal with the challenges presented by the Covid-19 pandemic in both traditional and clinical law subjects within the legal education framework. Second, it considers the continuing impact of these initiatives on future learning and teaching practices and the use of technology in legal education; and third, it examines the emerging challenges posed by artificial intelligence (AI) since the mainstream adoption of ChatGPT and Microsoft Bing. In considering these issues the paper also highlights the importance of ensuring both student wellbeing and retaining academic integrity when examining the impact of technology. Furthermore, it is acknowledged that any discussion about developments in legal education cannot take place in a vacuum and needs to take cognisance of current graduate employability skills requirements and employers' expectations. It is therefore useful to contextualize this discourse within the broader requirements of law practice skills, and the growing importance of technology skills in the legal profession.

2. The changing landscape of the legal profession

As previously acknowledged,[104] it is now readily recognised that it is imperative for technological skills to be included in professional development programs and legal training for both practicing lawyers and law students.[105] Furthermore, it has become evident that there is a growing necessity for lawyers to 'be ready to use or learn how to use technology on day one' once they start practicing law.[106] Increasingly, a better understanding of software and online systems is seen to equip law graduates with a basis for their future roles as lawyers, enabling them to use these resources to provide quality advice and service to their clients.[107] Apart from traditional interpersonal and technical skills associated with the legal profession such as communication skills, problem solving skills, ethical conduct and professionalism, the use of technology has raised several nascent areas not contemplated in traditional skills development programs.

Susskind et al[108] identified four trends that are currently changing most professions, namely: the move from bespoke service, the bypassing of traditional gatekeepers, a shift from reactive to a proactive approach to professional work, and the more-for-less challenge.[109] For example, the increased outsourcing of legal services (such as using computerized systems for repetitive tasks), means that traditional law firms are having to rethink delivery strategies to compete with online legal services delivery,[110] an issue which has become even more urgent with the increased use of GAI technology. These technology-based innovations and industry collaborations also evidence the increased need for law graduates to be well versed in the skills required to implement technological innovation. In Australia, the 2017 Law Society of New South Wales, *Future of Law and*

---

[104] CANTATORE, Francina. New frontiers in clinical legal education: harnessing technology to prepare students for practice and facilitate access to justice. **Australian Journal of Clinical Education**, [Australia], v. 5, n. 1, p. 1-18, 2019. p. 3.

[105] BROUSSARD, Cynthia *et al.* Teaching legal technology: a critical conversation on legal technology skills and training. **AALL Spectrum**, [United States], v. 21, n. 4, 2017. p. 22-23.

[106] *Ibidem.*

[107] *Ibidem.*

[108] SUSSKIND, Richard; SUSSKIND, Daniel. **The future of the professions**: how technology will transform the work of human experts. Oxford: Oxford University Press, 2015.

[109] WILLIAMS, Mark. "Moneyball for lawyers": how technology will change the practice of law. **Bulletin (Law Society of South Australia)**, [Australia], v. 38, n. 5, 2016. p. 14.

[110] *Ibidem.*

Innovation in the Profession Report (FLIP report) foresaw that due to increased investment and interest from law firms in new legal technology and software, specialized legal operations roles may be imminent,[111] signalling more employment opportunities for graduates with the necessary skills. Unsurprisingly, the report specifically identified the following skills and knowledge as likely to be of importance in the future: technology; practice-related skills (eg collaboration, advocacy, negotiation skills); business skills/basic accounting and finance; project management; international cross-border law; interdisciplinary experience; and resilience, flexibility and ability to adapt to change.[112]

It has become clear that the pressing question for forward thinking law schools is no longer whether legal technology should be incorporated into students' skills development programs, but rather how to effectively integrate legal technology into their skills development programs.

3. The impact of Covid-19: a wake-up call for educators

Whilst insights gained from previous legal research contributed to the introduction of new technology skills into legal education programmes at many institutions,[113] the onset of the global pandemic in 2021 caused a paradigm shift in the way educators perceived the role of technology. Much has since been written about the impact of Covid-19 on legal education and the resulting move towards more technology-based content delivery models.[114] In Australia (as in most other jurisdictions) the pervasive impact of the global pandemic on tertiary education manifested in an urgent need to move towards online content delivery and communication, challenging existing pedagogical paradigms. In a previous investigation of the short-term and projected longer-term effects of the pandemic on the development of law graduate employability skills, the author has considered the diverse ways in which Covid-19 challenges were addressed by tertiary institutions in Australia, and the future implications

---

[111] LAW SOCIETY OF NEW SOUTH WALES. **Future of Law and innovation in the profession**. [Australia]: [s. n.], 2017. p. 31.

[112] *Ibidem*, p. 7.

[113] See, for example, clinical initiatives discussed in Cantatore (2019).

[114] McFAUL, Hugh; RYAN, Fiona. Special issue: clinical and public legal education. **International Journal of Clinical Legal Education**, [United Kingdom], v. 27, n. 4, 2020. p. 1.

of the changes in accommodating student learning.[115] Whilst the study found that tertiary institutions have the ability to change and adapt, and that there were both negative and positive consequences resulting from pandemic measures in legal education, it also highlighted the significant challenges faced by educators, especially in clinical legal education (CLE), in providing authentic clinical learning opportunities for students.

The effect of the Covid-19 pandemic on educational institutions in Australia was immediate and profound, severely impacting law schools, along with other higher education disciplines. The Australian government implemented austere measures at state and federal levels after the onset of Covid-19 in early 2020, causing temporary closures of some educational institutions and an abrupt move to remote learning in most tertiary institutions.[116] Universities also experienced a significant loss of international and interstate students unable to travel across borders.[117] Due to closures and Covid-19 restrictions, online remote teaching became the only viable means of educating students, which had a direct flow-on effect on practice-based experience opportunities such as CLE and other skills based activities in legal education.[118] Student placements were affected by lock-down measures enforced in some states[119] and ongoing government enforced social distancing requirements. Furthermore, financial strain on universities impacted on the ability of some institutions to offer certain legal education opportunities, more notably in instances where academic and professional staff job losses occurred.[120]

---

[115] CANTATORE, Francina; NAKANO, Kazumi. An overview of Australian clinical legal education in pandemic times: possible impacts on the development of graduate employability skills. **Australian Journal of Clinical Education**, [Australia], p. 53-71, 2021.

[116] For example, at Bond University, multi-modal teaching occurred in all law subjects since the latter part of 2020. See also: ZIEBELL, Nicola *et al.* **Australian education survey: examining the impact of covid-19 report summary.** [Australia]: University of Melbourne, 2020. *(Australian Education Survey Report).* p. 10.

[117] See, e.g.: HURLEY, Peter. **Coronavirus and international students.** [Australia]: Victoria University, Oct. 2020; and more recently, TOMAZIN, Farrah; MILLAR, Royce; CAREY, Adam. International student losses set to punch $18 billion hole in economy. **The Age**, [Australia], Apr. 4, 2021.

[118] CANTATORE; NAKANO, 2021, p. 58.

[119] During the global pandemic, all Australian states and territories enforced varying degrees of border closure measures, mask requirements and social distancing rules. See LATHOURIS, Olivianne. Australia's covid-19 crisis: state-by-state guide to border restrictions and lockdowns. **Nine News**, [Australia], July 12, 2021; PEARSON, Nicholas; WOOD, Richard. Covid-19 breaking news: Southeast Queensland goes into lockdown. **Nine News**, [Australia], June 29, 2021.

[120] See UNIVERSITIES AUSTRALIA. 17,000 uni jobs lost to covid-19. **Media Release**, [Australia], Feb. 3, 2021; MARSHMAN, Ian; BARÉ, Edwina; BEARD, Jennifer. As universities face losing 1 in 10 staff, covid-driven cuts create 4 key risks. **The Conversation**, [Australia], Sept. 28, 2020.

Unavoidably, these issues impacted on legal education programs in terms of content delivery, and especially practical skills initiatives such as client contact, interviewing, and interaction with legal professionals in industry partnerships and community legal centres (CLCs). These issues, in turn, affected the ability of educators to meet student expectations,[121] and the student experience in general. Of pivotal importance was the need to maintain optimal student engagement and ensure that students were being equipped with the necessary skills for the workplace within an appropriate pedagogical framework.

4. Rising to the challenge

At Bond University (Bond), as in many other institutions, Covid-19 brought into sharp focus the unavoidable reliance on technology in facilitating ongoing learning and teaching for students in law courses. The greatest challenge presented by the global pandemic was that it was so unexpected, requiring almost instantaneous change and adjustment by tertiary institutions. This was evidenced by the immediate adoption of online and remote teaching (and later, multi-modal teaching)[122] in law schools, Bond included.

The reliance on technology also carried though to CLE and pro bono programs. Many students were studying remotely and unable to access clinic opportunities, and online clinic opportunities were virtually non-existent. Globally, many industry and community centre placements also suffered during the Covid-19 pandemic because of lawyers working remotely. Clinic clients who could not attend in person had to be accommodated remotely, either via telephone or online platforms such as Zoom, and some firms and community legal centres faced increased challenges, with increased remote work conditions for staff[123] resulting in fewer supervisors being available. Additionally, some firms struggled with the logistics of moving to online delivery and implementing new systems, while others experienced staff cuts, resulting in an inability to accommodate student placements, especially where they took the form of

---

[121] *Ibidem*, p. 6.

[122] For example, Bond University adopted multi-modal teaching in all law subjects since the latter part of 2020.

[123] See, for example, ALBANY COMMUNITY LEGAL CENTRE INC. **Annual report 2019-20.** [Australia]: [s. n.], 2020. p. 4; LAWRIGHT. **Annual report 2020**. [Australia]: [s. n.], 2020. p. 8; BARWON COMMUNITY LEGAL SERVICE. **Services update**: covid-19 response. [Australia]: [s. n.], Mar. 17, 2020.

unfunded volunteer opportunities. All these issues resulted in diminished clinic opportunities for student cohorts and consequently their opportunities to develop graduate employability skills, such as community engagement, industry awareness and social context.

Remote communication also necessitated an update in technology hardware and a review of the supervision structures in clinics. The question which many institutions faced was: How could an authentic student experience be retained and enhanced under these trying conditions? Furthermore, at some institutions there were expectations of increased teaching due to university staff cuts, which placed further pressure on educators.[124] This had a knock-on effect which included increased stress,[125] affecting the mental wellbeing and resilience of educators. This in turn may have also affected educators' teaching and their ability to assist students in fully developing graduate employability skills. In a report prepared by Melbourne University,[126] it was found that the lockdown period exacerbated existing issues and resulted in the emergence of significant wellbeing and mental health problems.[127] Preparation for teaching also became more time-consuming as educators spent a lot of their time recording videos or sourcing information in a form with which students could engage.[128] In addition, it was reported that:

> Teachers raised concerns about their personal health and wellbeing while they were working from home, due to feelings of isolation, physical workspace, excessive screen time and dealing with stress. They also reported exhaustion due to the additional workload remote learning has created and, in some cases, they were attempting to manage teaching on-site and via remote learning at the same time.[129]

However, once there was acceptance of the situation and a recognition of the emergence of New Law[130] and the benefits of remote work

---

[124] See, for example: HEFFERNAN, Madeleine. Casuals bore the brunt as covid drove unis to Shed 7500 Jobs. **The Age**, [Australia], May 12, 2021; ZHOU, Naaman. Australian universities flag more budget cuts, job losses in the next year. **The Guardian**, [Australia], Feb. 26, 2021.

[125] FERNANDEZ, Alex; SHAW, George. Academic leadership in a time of crisis: the coronavirus and covid-19. **Journal of Leadership Studies**, [United States], v. 14, n. 1, 2020. p. 39.

[126] ZIEBELL et al., 2020, p. 10.

[127] Ibidem.

[128] Ibidem.

[129] Ibidem, p. 10.

[130] New Law is described as "the idea of providing legal services in entirely new ways". Cf. BESWICK, Samuel. Retroactive adjudication. **Yale LJ**, [United States], v. 130, 2020. p. 276.

capabilities, it opened the door for more opportunities, allowing both legal educators and students to become more familiar with communications technology and digital systems.

Bond adapted its in-person advice clinics by installing additional technology to accommodate online participation by clients and lawyers; and focused on creating authentic online opportunities for remote students. This involved seeking out new partnerships and sources of funding to create project-based clinics that would complement the public interest and pro bono focus of the Bond Legal Clinics Program (BCLP).

Legal Technology Innovations

Thus, like many other law schools Bond embraced the challenges posed by Covid-19 by incorporating more aspects of legal technology into their clinical and traditional law subjects.[131] This focus aligned with changing practice perspectives and a noticeable shift in expectations placed on law graduates when they enter the profession.[132] In addition to necessary changes to CLE and pro bono programs to facilitate community services, it was recognised that the need for increased information technology and communication (ITC) skills in law students had become imperative in a competitive marketplace.[133]

Within this broader context, as part of its measures to address the lack of practice-based student opportunities during the pandemic, Bond introduced two remote clinical initiatives, namely the Public Interest Legal Tech Clinic and Internet Law Research Clinic. A brief description of these initiatives follows below.

Public Interest Legal Tech Clinic

The Public Interest Legal Tech Clinic (PILT Clinic), already in operation since 2019, was adapted in July 2020 to facilitate the online conduct

---

[131] See, for example: MATT, Thomas; BELLINGER, Nicholas; McDONALD, Katherine. The silver lining in the black cloud of covid-19. **International Journal of Clinical Legal Education**, [United Kingdom], v. 27, n. 4, 2020. p. 135, which discusses the University of Exeter's transformation from an in person to a remote delivery service; and WAPPLES, Elizabeth. Promoting positive mental health in international postgraduate Law students at a time of global uncertainty: a case study from QLegal at Queen Mary University of London. **International Journal of Clinical Legal Education**, [United Kingdom], v. 27, n. 4, 2020. p. 107.

[132] BROUSSARD *et al.*, 2017, p. 22-23.

[133] LAW SOCIETY OF NEW SOUTH WALES, 2017, p. 77.

of the Clinic, to accommodate all students studying remotely in Australia, the Asia Pacific and Canada. The Clinic model consisted of project-based work, providing legal and web-related technology, policy and procedures assistance to public interest organisations, including charities and not-for-profits. Significantly, it enabled law students to gain practical insight and experience in legal technology solutions under the supervision of law academics. Students generally volunteered in the Clinic during for approximately 3 hours per week on projects dealing with an identified public or community interest, such as assisting charitable organisations not-for-profits with legal technology related research and solutions.

Through online meetings with clients, legal research, problem solving and generating practical applications, students were provided with opportunities to:

- Gain hands on remote work experience dealing with legal technology;

- Obtain authentic client communication and research experience in addressing legal technology issues;

- Develop problem-solving and critical thinking skills; and

- Provide a valuable community service.

Internet Law Research Clinic

As a second pedagogical innovation during the Covid-19 pandemic, Bond established an Internet Law Research Clinic in partnership with the Asia Pacific Network Information Centre (APNIC), an open, member-based, not-for-profit organisation, whose primary role was to distribute and manage internet resources. This program, supervised by Bond law academics, enabled students to gain practical insight and experience in the areas of legal technology and internet law solutions. Students were typically involved in assisting APNIC members for a few hours per week with addressing legal technology, internet regulation and cyber security issues; conducting project-based research and finding solutions; drafting fact sheets, policies and training materials on Internet Law issues; and gaining cross-border experience in internet law and technology issues.

The Clinic framework allowed students to:

- Gain in depth practical work experience dealing with legal technology and internet law;

- Obtain advanced research experience in addressing legal technology, internet regulation and cyber security issues;

- Develop foundational legal skills in analysing and reviewing regulatory compliance policies;

- Develop problem-solving and critical thinking skills; and

- Provide an important and essential community service, especially to APNIC members in developing countries.

Crucially, these innovative clinic opportunities addressed an urgent need for students to remotely gain access to practice-based learning opportunities, whilst also advancing foundational legal skills and providing them with the ability to interact with academics and other students.

5. Long term gains

The continued resilience of legal education and the CLE sector in the face of Covid-19 challenges has been evident in recent publications,[134] particularly in respect of moves towards remote and multi-modal teaching and online/telephonic engagement with both clients and external providers. Increasingly, educators have seized the opportunity to harness technology to achieve positive clinical outcomes despite the impediments of Covid-19, with many retaining mixed-modal delivery moving forward.[135] Some of the most significant perceived benefits for educators from this experience have been identified as:[136]

- Improved technology skills;

- Developing a diverse set of teaching and learning skills on different platforms;

- A greater awareness of the mental wellbeing of students, especially in remote learning situations;

---

[134] See, for example, Matt, Bellinger and McDonald (2020); Wapples (2020).

[135] MATT; BELLINGER; McDONALD, 20201, p. 153.

[136] CANTATORE; NAKANO, 2021, p. 64.

- The ability to provide alternative solutions to traditional external placements; and

- The ability to provide enhanced client services, especially to rural, regional and remote clinic clients.

For students, Covid-19 also presented significant opportunities for growth, particularly in relation to:

- Skills needed to engage with clients remotely,[137] necessitating improved technology skills;

- Increased self-confidence and resilience as a result of dealing with unexpected challenges of this nature;

- Fostering increased empathy for clinic clients in need, especially rural, regional and remote clients; and

- Increasing practice-based skills in online communications with educators and industry partners.[138]

It is significant to note that – even prior to the global pandemic – several of the skills listed above were recognised in the FLIP Report as skills needed for future legal practice.[139] Therefore, while Covid-19 impacted the traditional ways in which CLE was offered to students, the altered forms of delivery (i.e., online, telephonic and mixed-modal) provided novel opportunities for students to increase their employability skills.

6. The impact of Generative Ai (GAI)

In the context of legal education, generative AI (GAI) – a concept largely unknown to higher education providers prior to November 2022 – has impacted significantly on pedagogy and program and course design in tertiary institutions over the past year. The launch and rapid adoption of the ChatGPT platform, which commonly creates content in response

---

[137] See, e.g., FEDERATION OF COMMUNITY LEGAL CENTRES VICTORIA. **Community Legal Centres and covid-19**. [Australia]: [s. n.], 2020; UNIVERSITY OF SOUTH AUSTRALIA. **Legal Advice Clinic**. [Australia]: [s. n.], 2020. p. 16; TAYLOR, Monica. Legal clinics get a boost from UQ Law students. **UQ News**, [Australia], May 13, 2020.

[138] See, for example: MONASH UNIVERSITY. **Monash Law Clinics annual report 2019-2020**. [Australia]: [s. n.], 2020. p. 11.

[139] LAW SOCIETY OF NEW SOUTH WALES, 2017, p. 77-79.

to natural language requests or prompts, precipitated concerns among some educators while being cautiously embraced by others.[140] ChatGPT has been described as "the fastest-growing consumer internet app of all time" since its launch nearly a year ago,[141] recording an estimated 100 million monthly users in the first two months. Universities have had to consider how to best incorporate this groundbreaking technology into existing curricula, both from educator use and learner perspectives. It has become evident that, while initial concerns centred around academic integrity, plagiarism detection, and the potential impact on critical thinking skills,[142] the pervasive nature of this technology requires a forward-thinking, opportunity minded approach, which means embracing it as a valuable tool to be incorporated into teaching practices.

Regulatory Challenges

However, in considering emerging challenges and opportunities in the adoption of GAI in higher education, it is necessary to recognise the concerns that have arisen within the broader framework of artificial intelligence (AI) regulation. The use of AI in general poses significant regulatory challenges globally and there is by no means a consistent approach. For example, the Australian government recently called for submissions regarding the safe and responsible use of AI, acknowledging the lack of consistency in AI regulation, in particular in respect of developers and AI driven platforms.[143] Jurisdictions such as the USA and UK are similarly grappling with the ramifications of AI use in diverse sectors.[144] In the absence of a uniform approach, and in view of the rapid progression and adoption of GAI, there are well grounded concerns about the ethical and responsible use of GAI in various sectors, including tertiary education.

---

[140] LEXISNEXIS LEGAL & PROFESSIONAL. **Generative AI & the legal profession 2023 survey report.** [United States]: *[s. n.],* 2023.

[141] MICHEL-VILLARREAL, Ricardo *et al.* Challenges and opportunities of generative AI for higher education as explained by ChatGPT. **Education Sciences**, [Switzerland], v. 13, n. 9, 2023. p. 856.

[142] *Ibidem.*

[143] *Cf.* Australian Government Technology Strategy Branch, Department of Industry, Science and Resources, on "Safe and responsible AI in Australia: Discussion Paper". Available at: https://storage.googleapis.com/converlens-au-industry/industry/p/prj2452c8e24d7a400c72429/public_assets/Safe-and-responsible-AI-in-Australia-discussion-paper.pdf.

[144] *Ibidem.*

The Australian Law Reform Commission (ALRC) 2019 Future of Law Report previously dealt with AI automated decision making in various industries[145] (updated in 2020)[146]. However, this report preceded the implementation of GAI platforms such as ChatGPT and would need to update its recommendations taking cognisance of the adoption of GAI, including – in the context of this discussion – how this technology should be applied in tertiary education and the legal profession. In the absence of definitive legislation or clear regulatory guidance, uncertainties surrounding the use of GAI has left legal education in a state of flux at the time of writing.

The author has suggested in a submission to government that it should be mandatory for all providers of legal services to have an AI policy which conforms with accepted national standards;[147] as there is a lack of a uniform approach in the legal profession following the sporadic and inconsistent adoption of GAI. Notably, professional organisations are increasingly recognising the importance of providing GAI guidelines to their members. For example, the Queensland Law Society has issued its members with an AI Policy template which provides guidance on the appropriate use of GAI technologies in law firms. The policy aims to "ensure that we maintain the highest standards of professional conduct and ethics, as outlined in the Australian Solicitors' Conduct Rules 2012, while taking advantage of the latest advances in AI technology."[148] To create uniformity it would be desirable for the ALRC to establish a national standard for responsible AI use in the legal industry, and for State and Territory based professional bodies to ensure that their members comply with such a standard, enforceable by the Australian Law Commissioner.[149] However, at the time of writing, no national guidance is available and Australian law firms have to navigate the incorporation of GAI in the law curriculum on a discretionary basis. Consequently, educators lack a reliable legal framework for implementing acceptable GAI use into the law curricula.

---

[145] AUSTRALIAN LAW REFORM COMMISSION. **Future of Law reform report.** [Australia]: [s. n.], 2019.

[146] AUSTRALIAN LAW REFORM COMMISSION. **Future of Law reform update.** [Australia]: [s. n.], 2020.

[147] CANTATORE, Francina. **Submission to the Australian Government Technology Strategy Branch, Department of Industry, Science and Resources on "Safe and responsible AI in Australia**: Discussion Paper". [Australia]: [s. n.], 2023 on "Safe and responsible AI in Australia: Discussion Paper", an inquiry into how the Australian Government can mitigate any potential risks of AI and support safe and responsible AI practices.

[148] *Ibidem*, p. 5.

[149] *Ibidem*.

Pedagogical Challenges

The biggest challenge faced by law schools has been the unexpectedness of the GAI phenomenon (much like the unprecedented impact of the global pandemic on higher education providers). Although ChatGPT appeared to emerge overnight, it had been in development for a long time,[150] resulting in the significantly advanced ChatGPT 4 model at the time of writing. The speed at which these platforms evolved, and at which the technology has been implemented on platforms such as Microsoft Edge and other search engines, suggests that further developments and improvements in the applications are not only conceivable but highly likely. The unpredictability of future GAI developments therefore presents considerable challenges for educators in developing programs and courses which are fit for purpose and maintain robust academic integrity. Similarly, there are concerns about what ChatGPT and other GAI technologies will mean for the legal profession moving forward, a knowledge profession that places emphasis on the interpretation and meaning of words.[151] This means that legal education not only has to take account of pedagogical considerations, but also needs to be cognisant of future employer expectations and the regulatory requirements of legal practice, for example the required core competency skills prescribed by professional admissions authorities.[152] These considerations also impact on issues such as student wellbeing and academic integrity.

Immediate Concerns

From a practical perspective, some of the immediate emerging issues for law academics include the need to:

- Review and adapt learning and teaching outcomes and existing assessment practises for authenticity and effectiveness;

- Consider ways in which to maintain academic integrity and avoid plagiarism and copyright breaches;

---

[150] HEAVEN, Will. ChatGPT is everywhere: here's where it came from. **MIT Technology Review**, [United States], 2023.

[151] PERLMAN, Andrew. Editorial. **The Practice**, [United States], Mar./Apr. 2023.

[152] See, for example, the requirements of the NSW Legal Profession Admission Board (LPAB). Available at: https://www.lpab.justice.nsw.gov.au/.

- Educate students on how to effectively use AI technology;

- Adapt practical skills programs to ensure law graduates are adequately prepared for legal practice;

- Incorporate essential technological skills into existing law programmes and courses; and

- Upskill and train themselves in the use of GAI tools to provide educational resources and create teaching materials.

Additionally, there is an urgent need to consider student wellbeing in the face of changing expectations. Students will require clarity around the permissible use of GAI and sufficient technology support in navigating a changing educational landscape. Other significant considerations include ensuring the ethical use of GAI and emphasising the importance of critical thinking and awareness of bias and unreliability in AI technology.

Interestingly, the LexisNexis survey found that "(l)aw students may be less likely to believe that generative AI will change the way law is studied and taught, because they focus on law as an academic pursuit. Only when in practice must they focus on serving clients efficiently."[153] It could be argued that this viewpoint might be a barrier in law student adoption of GAI, as well as student concerns about academic integrity issues.[154]

7. Conclusion: the road ahead

Currently, the future impact of GAI technology on the legal profession remains uncertain; however, its incorporation into legal education is imminent and unavoidable. It has been predicted that, not only will platforms such as ChatGPT drive innovation and improvements in higher education, they "will also create a myriad of new challenges."[155] This requires a proactive approach on the part of higher education institutions to ensure that academic staff are adequately trained and equipped to deal with the impact of technology. In the case of Covid-19 this meant upskilling educators in multi-modal and online teaching methods. In

---

[153] LEXISNEXIS LEGAL & PROFESSIONAL. **Generative AI & the legal profession 2023 survey report.** [United States]: *[s. n.]*, 2023. p. 11.

[154] *Ibidem.*

[155] MICHEL-VILLARREAL *et al.*, 2023, p. 856.

the case of GAI technology, it means teaching educators effective prompt engineering skills, how to use AI tools in there in their curricula, course preparation, and appropriate assessment design. Incorporating GAI will also require educators to be able to design tasks that align with existing course learning outcomes, adapting practical skills activities where necessary, and being cognisant of an increased need for critical and ethical thinking on the part of students.

ChatGPT's usefulness has been acknowledged by several authors, with certain caveats attached.[156] For example, as pointed out by Michel-Villarreal et al, although ChatGPT can be used as a tool to generate answers to theory-based questions and generate ideas for essays,[157] students would need to examine the credibility of generated responses.[158] In their recent paper, written with the assistance of ChatGPT, Michel-Villarreal et al identified the following principles necessary for the responsible use of AI in higher education:

- Continuous monitoring and evaluation;

- Academic integrity;

- Transparency and disclosure;

- Data privacy and security;

- Bias awareness and mitigation;

- Human oversight and intervention; and

- Informed consent and opt out options.[159]

Taking account of these principles, it would thus be important for institutions to ensure that the necessary infrastructure is in place to guarantee the safe and responsible use of AI. Concurrently, whilst tertiary institutions are understandably concerned with the immediate impact of GAI, it is imperative that legal educators continue their focus on pro-

---

[156] *Ibidem.*

[157] KASNECI, Enkelejda *et al.* ChatGPT for good? On opportunities and challenges of large language models for education. **Learning and Individual Differences**, [Netherlands], v. 103, 2023. p. 103.

[158] MICHEL-VILLARREAL *et al.*, 2023, p. 856.

[159] *Ibidem*, p. 869.

viding high quality teaching in substantive and doctrinal law. Yet, the critical importance of equipping law students with technological skills cannot be denied as legal practices increasingly adopt GAI technologies. As noted in the LexisNexis survey, there was a "high awareness and usage rates of generative AI among lawyers and law students, as well as their perceptions of its potential impact on the practice of law."[160] While the researchers acknowledged concerns about the ethical implications of the technology, it was found that the legal profession's approach towards GAI was "neutral and cautious, with many still exploring its capabilities and potential applications."[161] For legal educators, the gradual increase in GAI adoption creates a commensurate responsibility to ensure that law graduates are familiar with technologies to be effective lawyers.

However, there is also a compelling argument that lawyers of the future will not only need to be technology savvy but will also require enhanced interpersonal and human skills which will distinguish them from machines. This means continuing to inculcate students with important attributes such as empathy, verbal communication skills, intercultural understanding, teamwork, and critical thinking; skills that have become more imperative than ever in legal education to ensure law graduates remain relevant, future proof and fit for practice.

References

ALBANY COMMUNITY LEGAL CENTRE INC. **Annual report 2019-20.** [Australia]: [s. n.], 2020. p. 4.

AUSTRALIAN LAW REFORM COMMISSION. **Future of Law reform report**. [Australia]: [s. n.], 2019.

AUSTRALIAN LAW REFORM COMMISSION. **Future of Law reform update**. [Australia]: [s. n.], 2020.

BARWON COMMUNITY LEGAL SERVICE. **Services update**: covid-19 response. [Australia]: [s. n.], Mar. 17, 2020.

BESWICK, Samuel. Retroactive adjudication. **Yale LJ**, [United States], v. 130, 2020.

---

[160] LEXISNEXIS LEGAL & PROFESSIONAL, 2023, p. 3.

[161] *Ibidem*, p. 3.

BROUSSARD, Cynthia *et al.* Teaching legal technology: a critical conversation on legal technology skills and training. **AALL Spectrum**, [United States], v. 21, n. 4, 2017.

CANTATORE, Francina; NAKANO, Kazumi. An overview of Australian clinical legal education in pandemic times: possible impacts on the development of graduate employability skills. **Australian Journal of Clinical Education**, [Australia], p. 53-71, 2021.

CANTATORE, Francina. New frontiers in clinical legal education: harnessing technology to prepare students for practice and facilitate access to justice. **Australian Journal of Clinical Education**, [Australia], v. 5, n. 1, p. 1-18, 2019.

CANTATORE, Francina. **Submission to the Australian Government Technology Strategy Branch, Department of Industry, Science and Resources on "Safe and responsible AI in Australia**: Discussion Paper". [Australia]: [*s. n.*], 2023.

FEDERATION OF COMMUNITY LEGAL CENTRES VICTORIA. **Community Legal Centres and covid-19**. [Australia]: [*s. n.*], 2020.

FERNANDEZ, Alex; SHAW, George. Academic leadership in a time of crisis: the coronavirus and covid-19. **Journal of Leadership Studies**, [United States], v. 14, n. 1, 2020.

HEAVEN, Will. ChatGPT is everywhere: here's where it came from. **MIT Technology Review**, [United States], 2023.

HEFFERNAN, Madeleine. Casuals bore the brunt as covid drove unis to Shed 7500 Jobs. **The Age**, [Australia], May 12, 2021.

HURLEY, Peter. **Coronavirus and international students**. [Australia]: Victoria University, Oct. 2020.

KASNECI, Enkelejda *et al.* ChatGPT for good? On opportunities and challenges of large language models for education. **Learning and Individual Differences**, [Netherlands], v. 103, 2023.

LATHOURIS, Olivianne. Australia's covid-19 crisis: state-by-state guide to border restrictions and lockdowns. **Nine News**, [Australia], July 12, 2021.

LAW SOCIETY OF NEW SOUTH WALES. **Future of Law and innovation in the profession**. [Australia]: [*s. n.*], 2017.

LAWRIGHT. **Annual report 2020**. [Australia]: [*s. n.*], 2020.

LEXISNEXIS LEGAL & PROFESSIONAL. **Generative AI & the legal profession 2023 survey report**. [United States]: [*s. n.*], 2023.

MARSHMAN, Ian; BARÉ, Edwina; BEARD, Jennifer. As universities face losing 1 in 10 staff, covid-driven cuts create 4 key risks. **The Conversation**, [Australia], Sept. 28, 2020.

MATT, Thomas; BELLINGER, Nicholas; McDONALD, Katherine. The silver lining in the black cloud of covid-19. **International Journal of Clinical Legal Education**, [United Kingdom], v. 27, n. 4, 2020.

McFAUL, Hugh; RYAN, Fiona. Special issue: clinical and public legal education. **International Journal of Clinical Legal Education**, [United Kingdom], v. 27, n. 4, 2020.

MICHEL-VILLARREAL, Ricardo *et al.* Challenges and opportunities of generative AI for higher education as explained by ChatGPT. **Education Sciences**, [Switzerland], v. 13, n. 9, 2023.

MONASH UNIVERSITY. **Monash Law Clinics annual report 2019-2020**. [Australia]: [*s. n.*], 2020.

PEARSON, Nicholas; WOOD, Richard. Covid-19 breaking news: Southeast Queensland goes into lockdown. **Nine News**, [Australia], June 29, 2021.

PERLMAN, Andrew. Editorial. **The Practice**, [United States], Mar./Apr. 2023.

SUSSKIND, Richard; SUSSKIND, Daniel. **The future of the professions**: how technology will transform the work of human experts. Oxford: Oxford University Press, 2015.

TAYLOR, Monica. Legal clinics get a boost from UQ Law students. **UQ News**, [Australia], May 13, 2020.

TOMAZIN, Farrah; MILLAR, Royce; CAREY, Adam. International student losses set to punch $18 billion hole in economy. **The Age**, [Australia], Apr. 4, 2021.

UNIVERSITIES AUSTRALIA. 17,000 uni jobs lost to covid-19. **Media Release**, [Australia], Feb. 3, 2021.

UNIVERSITY OF SOUTH AUSTRALIA. **Legal Advice Clinic**. [Australia]: [*s. n.*], 2020.

WAPPLES, Elizabeth. Promoting positive mental health in international postgraduate Law students at a time of global uncertainty: a case study from QLegal at Queen Mary University of London. **International Journal of Clinical Legal Education**, [United Kingdom], v. 27, n. 4, 2020.

WILLIAMS, Mark. "Moneyball for lawyers": how technology will change the practice of law. **Bulletin (Law Society of South Australia)**, [Australia], v. 38, n. 5, 2016.

ZHOU, Naaman. Australian universities flag more budget cuts, job losses in the next year. **The Guardian**, [Australia], Feb. 26, 2021.

ZIEBELL, Nicola *et al*. **Australian education survey**: examining the impact of covid-19 report summary. [Australia]: University of Melbourne, 2020. (Australian Education Survey Report).

OXFORD LEGAL ASSISTANCE: A CASE-STUDY OF PRO-BONO LEGAL EDUCATION

Lucy Ryder

1. Introduction

Oxford Legal Assistance (OLA) is a pro-bono programme through which undergraduate law students at the University of Oxford work with local law firm Turpin & Miller on legal aid cases. As a member of the OLA Committee, namely the 'Turpin & Miller Representative', I spent the academic year 2022 to 2023 coordinating a group of 18 students and liaising with senior caseworkers at Turpin & Miller to ensure the efficacy of the programme. This essay analyses OLA as a case-study of pro-bono legal education. It will begin by outlining the current state of immigration and asylum law in the United Kingdom, as well as the status of Turpin & Miller as a firm operating in the Oxfordshire county. It will then consider OLA's history, key components, and recruitment process, in addition to reflecting on the programme's success over the academic year 2022 to 2023. There will be a particular focus on the importance of the in-person aspects of the programme in a post-pandemic environment. It will be concluded that the OLA formula for pro-bono legal education is an essential aspect of the undergraduate law experience at Oxford, and certainly has the potential for expansion.

2. Immigration and Asylum Law in the United Kingdom

The right to asylum is enshrined in Article 14 of the UDHR. Although this provision is not binding on member states, individuals seeking asylum may find protection under other international instruments, including the 1951 Refugee Convention and its 1967 Protocol.[162] Article 1(A)(1) of that Convention defines a refugee as 'someone who has fled their country due to a well-founded fear of persecution for reasons of race, religion, nationality, membership of a particular social group, or political

---

[162] 1951 Convention and 1967 Protocol Relating to the Status of Refugees.

opinion'.[163] Crucially, an individual is a refugee from the moment they meet these criteria, even if they have not yet been recognised as such in the receiving state.[164] Following this reasoning, the UNHCR recognises an implicit procedural obligation under Article 1(A)(1) for member states to conduct individual assessments of those within their jurisdiction in order to determine through official channels whether or not they have refugee status.[165]

This obligation aligns with the principle of non-refoulement, enshrined in Article 33 of the Refugee Convention, Article 6 of the ICCPR, and Article 3 of the ECHR for instance, which provide that an individual shall not be returned to a state in which they face a 'real risk' of death, torture, or inhuman and degrading treatment.[166] As a result of such provisions, the UK is under an obligation to assess the asylum claims of individuals within its jurisdiction. The way in which the UK fulfils such international obligations is governed by an intricate system of immigration and asylum law, which creates a 'hostile environment' for those interacting with it.[167] The dynamic nature of immigration and asylum law in the UK is evidenced by the recent introduction of the Illegal Migration Act 2023 and the passage of the Safety of Rwanda (Asylum and Immigration) Bill through Parliament.[168] In addition to such complexity, the asylum process in the UK is characterised by a significant decline in the availability of legal aid.

As Singh and Webber note, until 1998, immigration and asylum advice was free and provided by the Home Office.[169] In 2004, however, the imposition of cost limits on legal practitioners and the removal of staged billing by the Legal Services Commission reduced the viability of legal aid for many firms.[170] These initial changes were followed by the introduction

---

[163] *Ibidem*, p. 14.

[164] UNHCR. **Handbook on procedures and criteria for determining refugee status and guidelines on international protection.** [Switzerland]: UNHCR, 2019. Chapter 1, p. 17 [28].

[165] *Ibidem*, p. 17, [28]; *N. D. and N. T. v Spain* App no 8675/15 (ECtHR, 13 February 2020) [187].

[166] *Chahal v United Kingdom* App no 22414/93 (ECtHR, 15 November 1996) [96].

[167] BRITTLE, Ruth. A hostile environment for children? The rights and best interests of the refugee child in the United Kingdom's Asylum Law. **Human Rights Law Review**, [United Kingdom], v. 19, 2020. p. 753-755.

[168] Approved on the 22nd April 2024 Home Office and The Rt Hon James Cleverly MP, 'Rwanda bill to become law in major illegal migration milestone' (Home Office, 23rd April 2024). Available at: https://www.gov.uk/government/news/rwanda-bill-to-become-law-in-major-illegal-migration-milestone. Accessed on: Apr. 25, 2024.

[169] SINGH, Anne; WEBBER, Frances. **Excluding migrants from justice**: the legal aid cuts. [United Kingdom]: Institute of Race Relations, 2010. (Briefing Paper No. 7).

[170] BURRIDGE, Andrew; GILL, Nick. Conveyor-belt justice: precarity, access to justice, and uneven geographies of legal aid in UK Asylum appeals. **Antipode**, [United Kingdom], v. 49, 2016. p. 23.

of fixed fees for immigration and asylum casework and the refusal of the Legal Services Commission to renew almost a third of its pre-existing contracts with firms.[171] This resulted in large-scale providers of immigration and asylum advice going into administration, for instance Refugee and Migrant Justice and the Immigration Advisory Service.[172] Following this, the Legal Aid Sentencing and Punishment of Offenders Act 2013 effectively removed legal aid funding in the context of civil immigration law.[173] From this, it is evident that the 'landscape' of legal aid has 'changed drastically' in the past two decades, especially regarding quality and access.[174]

Such drastic changes have caused the emergence of legal aid deserts, with a shortage of legal aid services even for first-time applications.[175] Consequently, many clients with initial representation are 'dropped' by their representatives at the appeal stage.[176] Within the Oxfordshire and Berkshire 'access point', four immigration and asylum advice providers were contracted in 2018.[177] The only provider that is currently active is Turpin & Miller, located in the city of Oxford, which reported 585 matter starts in 2021.[178] Turpin & Miller is a core hub for legal aid both in Oxfordshire and further afield. According to Wilding, there are currently 30 people in Oxfordshire receiving support pursuant to s.95 of the Immigration and Asylum Act 1999 as well as 41 unaccompanied asylum-seeking children.[179]

Turpin & Miller also runs a project in the Huntercombe prison which, as of December 2020, houses 405 foreign nationals requiring legal advice.[180] Outside Oxfordshire, Turpin & Miller deals with demand from areas including London and Swindon. Other counties such as Devon, which has only one legal aid caseworker, 'refer as much as [they] can to Turpin & Miller'.[181] In light of the decline in availability and quality of legal aid following years of cuts, Turpin & Miller best represents the burden

---

[171] *Ibidem*, p. 23.

[172] *Ibidem*, p. 29.

[173] *Ibidem*, p. 23.

[174] *Ibidem*, p. 29.

[175] WILDING, Jo. **No access to justice**: how legal advice deserts fail refugees, migrants and our communities. [United Kingdom]: Refugee Action, 2022. p. 295.

[176] *Ibidem*, p. 295.

[177] *Ibidem*, p. 295.

[178] *Ibidem*, p. 295.

[179] *Ibidem*, p. 295.

[180] *Ibidem*, p. 295.

[181] *Ibidem*, p. 183.

placed on firms that have successfully retained their legal aid practice. Moreover, the firm's remarkable ability to continue to thrive in such a pressurised environment is demonstrated by the fact that, in 2012, it was named 'Legal Aid Firm of the Year'.[182]

3. Oxford Legal Assistance

A. History

OLA was proposed to the University of Oxford Law Faculty Board in April 2009 as a partnership with Turpin & Miller. At that time, just over 30% of law schools in the United Kingdom operated legal clinics. In 2002, Oxford had established Oxford Pro-Bono Public (OPBP), a graduate-only programme aiming to 'contribute to the practice and principles of public interest law on a pro-bono basis'.[183] OLA therefore represented the first opportunity available to undergraduate students. A key similarity between OPBP and OLA is that neither programme can be deemed a 'legal clinic' within the ordinary meaning of the term, because the student participants do not provide legal advice. Both programmes instead follow a formula distinct from other universities across the UK. The most common model for pro-bono legal education is one in which law students, supervised by qualified lawyers, provide written legal advice to members of the public. For instance, the University of Manchester School of Law operates the Legal Advice Centre on campus and during university office hours.[184] In the Centre, clients are interviewed by a qualified lawyer with two students present.[185] Whilst students do not provide legal advice during the interview, they draft a letter of advice to the client which is reviewed by the qualified lawyer.[186] The letter is then signed by the students, the qualified lawyer, and the Director of the Centre before being sent to the client.[187]

The rationale behind the use of the OLA formula is that it generates many of the benefits of having a legal clinic, with only a small fraction of

---

[182]   TURPIN & MILLER. **Legal aid and access to justice.** [United Kingdom]: *[s. n.]*, 2024.

[183]   Oxford Pro-Bono Publico Constitution, Clause 3.

[184]   University of Manchester Legal Advice Centre. Available at: https://www.socialsciences.manchester.ac.uk/legal-advice-centre/about/cle/. Accessed on: Aug. 10, 2023.

[185]   *Ibidem.*

[186]   *Ibidem.*

[187]   *Ibidem.*

the risks. In the original proposal for OLA, the benefits of legal clinics were said to be an advanced understanding of the law, the ability to conduct case analysis, and the opportunity to critically examine the workings of a legal system and the legal profession itself.[188] Further to this, the intensity of engaging with real-world problems forces students to deploy their research skills with an intensity that is difficult to expect in more traditional environments. Meanwhile, the risks of legal clinics include the immense cost and potential liability for any negligent advice provided by the clinic. It was therefore concluded that the OLA formula represented the most feasible model at the time of proposal, especially as it was the first form of pro-bono legal education introduced at the undergraduate level. The formula does indeed still fit within a broad definition of clinical legal education, being that students are active participants, interact with the qualified lawyers in a role other than that of teacher and student, and have responsibility for the outcome of their work.[189] Essentially, students are still 'learning by doing the types of things that lawyers do', simply without giving legal advice.[190]

OLA was launched during National Pro-Bono Week at an event held on the 30th of November 2009. Following the pilot year from 2009-2010, the proponents of OLA asked the Law Faculty Board to continue the programme for a further five years. It was found that the programme had been extremely successful, garnering both enthusiasm from students and admiration from the local community. For instance, the initiation of the OLA was commended in the article 'Student Lawyers Give Free Help to Oxford Residents', published by The Oxford Times in December 2009.[191] OLA initially focused on three key areas of law within the scope of Turpin & Miller's practice areas – immigration and asylum law, family law, and debt-related issues. Following the pilot-year, it was decided that immigration and asylum law was the area most amenable to student involvement, as it captured both the interests of students in an area not available within the undergraduate curriculum and also gave the

---

[188] These factors are drawn from: GRIMES, Richard H. The theory and practice of clinical legal education. *In*: WEBB, Julian; MAUGHAN, Caroline. **Teaching lawyers' skills**. London: Butterworths, 1996. p. 137, 146-151.

[189] BOONE, Andrew; JEEVES, Michael; MacFARLANE, Julie. Clinical anatomy: towards a working definition of clinical legal education. **The Law Teacher**, [United Kingdom], v. 21, n. 1, p. 61-71, 1987.

[190] BRAYNE, Hugh; DUNCAN, Nigel; GRIMES, Richard H. **Clinical legal education**: active learning in your Law school. [United Kingdom]: Blackstone Press, 1998. p. 17.

[191] BARDSLEY, Fran. Student lawyers give free help to Oxford residents. **The Oxford Times**, [United Kingdom], Dic. 2009.

programme a more cohesive structure. OLA has now run successfully for fourteen years, having overcome a myriad of challenges, including the Covid-19 pandemic. The three pillars of the programme are training sessions, task allocation sessions, and legal assistance sessions.

B. Training sessions

There are four training sessions over the course of the academic year which are attended by all student participants. This year, three sessions were delivered online and the final session was conducted in-person. The sessions are led by a senior caseworker from Turpin & Miller and act as a basic introduction to OLA and to immigration and asylum law in general. The first session focuses on the expectations of students, introducing the key aspects of dealing with real-world cases – confidentiality, sensitivity, and professionalism. The following two training sessions deal with the general structure of an asylum claim, from fresh claim to appeal stage. This provides an essential background for the more practical elements of the programme. The fourth and final training session presents an opportunity to review the year and learn about more specialised topics within immigration and asylum law, for instance the treatment of unaccompanied minors.

C. Task allocations

There are four task allocation sessions per term with approximately five students in attendance per session. These sessions are carried out online and involve a senior caseworker assigning each student a task. There are two types of task, the first being the compilation of objective evidence for presentation to an Immigration Tribunal. The reasoning behind this task relates to the burden on the client to demonstrate that they have a well-founded fear of persecution for reasons of race, religion, nationality, membership of a particular social group, or political opinion. Specifically, this refers to the objective element of the well-founded fear requirement, involving an assessment of the general treatment of a given group in the client's country of origin. The second type of task is the creation of chronologies for individual cases. When a fresh asylum claim is rejected, a freedom of information request can be made to the Home Office for all the information on the client. This effectively means that the caseworkers at Turpin & Miller receive several documents from the Home Office. The creation of a chronology therefore involves extracting the key information from each document, for instance the dates of any offences, previous asylum claims, and representations made by other solicitors.

The importance of such tasks cannot be understated, especially in light of cases such as that observed by Burridge and Gill which concerned the purported return of an asylum seeker to Somalia.[192] In that case, the Home Office representative presented a Country of Origin report on Somalia which appeared to demonstrate that it would not contravene the principle of non-refoulement to deport the client.[193] The presiding judge, however, happened to have listened to a radio report that morning concerning a recent breakout of conflict in the client's area. Upon having the County of Origin report corrected by the presiding judge, the Home Office representative requested an adjournment and subsequently withdrew the case.[194] This startling example demonstrates the role of luck in such proceedings, especially in the context of the 'highly tenuous and fast-changing' nature of asylum law.[195] Had the presiding judge not turned on the radio that morning, the client may have faced deportation to Somalia. Preparing comprehensive objective evidence bundles on behalf of the client and establishing their connection to the subject of such objective evidence is therefore vital in reducing the role of luck and moving towards a fair balance in asylum proceedings.

D. Legal assistance sessions

There are two in-person legal assistance sessions per term with approximately six students in attendance per session. As stated, the role of students in this setting is not to give legal advice. Indeed, s.84(1) of the Immigration Act 1999 provides that no person may provide immigration advice unless he is a 'qualified person'. Rather than giving verbal or written advice, students take consenting Turpin & Miller clients through paperwork and prepare a first draft of their basic instructions. The primary focus here is a fact-finding exercise concerning the client's background and their journey to the UK. In order to communicate effectively, it is

---

[192] BURRIDGE; GILL, 2016, p. 34.

[193] *Ibidem*, p. 34.

[194] *Ibidem*, p. 34.

[195] *Ibidem*, p. 34.

often necessary for students to use a dial-in translator to converse with the client. In this sense, the legal assistance sessions assist in cultivating a myriad of skills, including the ability to overcome challenges such as language barriers. Further, the OLA Constitution ensures that legal assistance sessions only take place when it is most beneficial for both the client and Turpin & Miller, stipulating that the following conditions must be met:

1. *Need* – the session will assist in bridging the gap between the hours funded by legal aid and the hours required to provide high quality legal assistance and advice to the client.

2. *Capacity* – it is within the capacity of a student to interview the client and prepare the first draft of instructions.

3. *Effect* – the student's preparation of the first draft of instructions would materially increase the time that the solicitor responsible for the case could spend on the aspects of the case requiring specific expertise in the area of law engaged.

The number of legal assistance sessions that occur as part of the programme has been impacted by two key changes. The first concerns the number of clients available to attend legal assistance sessions. In the academic year 2009-2010, approximately eighty clients were seen by students, including a combination of both new and existing clients. However, as a result of the reduction in legal aid, the opportunity for students to participate in legal assistance sessions significantly diminished. This has resulted in an increase in the number of task allocations, which were originally set only when clients were unavailable for in-person discussions.

The second key change arose from the Covid-19 pandemic, which unfortunately resulted in the discontinuation of legal assistance sessions. The academic year 2022 to 2023 was the first opportunity since the pandemic to have in-person legal assistance sessions. When asked about the benefits of in-person experience, one student from this academic year felt that they were able to 'connect with the client' and were 'honoured to be able to put [their] time and skills to good use and have a small but tangible impact on a client's case'. Such feedback echoes the comments found in the annual reports prior to 2020, demonstrating that in-person legal assistance sessions are received positively by those taking part and form an essential aspect of OLA.

E. Selection and recruitment

In 2022, OLA received a total of 75 applications for 18 positions, including four Committee positions. This represented an increase from the pilot year in 2009, in which 60 students were interviewed. To contextualise this figure, the programme is only open to rising second-year law students and a year group comprises of approximately 200 students. The selection process is therefore necessarily rigorous, requiring both a written application and interview, both of which are assessed by the incumbent Committee. The assessment criteria for the position of student participant include evidence of research and interest in immigration and asylum law, relevant experience, compassion, and organisational skills. For the Committee positions (Turpin & Miller Representative, Co-Chairpersons, and Social Media Coordinator), additional criteria such as leadership skills and experience are evaluated. The key objective of the selection process is to find individuals that are committed to furthering their understanding of legal aid and have a genuine interest in gaining practical experience in the field of immigration and asylum law. Brayne, Duncan, and Grimes posit that students are most likely to dedicate time and effort to tasks that they feel will be rewarded by assessment.[196] Given the extra-curricular nature of OLA and the lack of integration of Clinical Legal Education into the main curriculum of the undergraduate law degree at Oxford, it is vital for the continuance of the programme that students remain committed of their own accord. Effectively, those selected must be sufficiently motivated by their own interest to maintain their involvement for the academic year.

F. Reflection

At the end of each academic year, the incumbent Committee is tasked with reflecting on the success of the programme. The Committee from the academic year 2020 to 2021 noted that it was vital to reintroduce the in-person aspects of the programme post-pandemic. Similarly, the 2021 to 2022 Committee commented that it was regrettable that in-person legal assistance sessions could not be reintroduced for that year. That Committee also dealt with significant issues regarding student attendance and cited the lack of in-person communication as a factor that limited the motivation of several students. As noted, the academic year

---

[196] BRAYNE; DUNCAN; GRIMES, 1998, p. 53.

2022 to 2023 saw the re-integration of in-person legal assistance and training sessions, and with it drastic improvements in commitment and attendance. For instance, every in-person legal assistance session was fully attended and the final in-person training session had three-times more students present than the year before. As Turpin & Miller Representative, a key aspect of my role was to ensure that student participants adhered to the timetable I created and met all their commitments. In this capacity, I witnessed first-hand the difference that the in-person aspects of the programme made to the motivation of students in a post-pandemic context. Indeed, when asked about any possible ways to improve the programme, several students from the academic year 2022 to 2023 recommended more in-person sessions in order to facilitate participation in group discussion and improve focus.

4. Conclusion

OLA is a vitally important programme that demonstrates the commitment of the University of Oxford to its local community, and to pro-bono legal education. As Wurdinger notes, students can often become demotivated within the context of a traditional law degree, as application of knowledge is all too easily replaced with 'paper and pencil tests'.[197] The OLA formula certainly corrects any such demotivation by encompassing the benefits of legal clinics without the risks and working effectively alongside the existing undergraduate curriculum to perform a key function of pro-bono legal education – 'empowering the student'.[198] The programme also successfully adapted to the challenges posed by the Covid-19 pandemic, and is now in the process of re-integrating and expanding the essential in-person features. With the continued support of both the Law Faculty and Turpin & Miller, it is anticipated that OLA will continue for years to come.

References

ALBANY COMMUNITY LEGAL CENTRE INC. **Annual report 2019-20.** [Australia]: [*s. n.*], 2020.

---

[197] WURDINGER, Scott D. **Using experiential learning in the classroom**: practical ideas for all educators. [United States]: Scarecrow Education, 2005. p. 50.

[198] BRAYNE; DUNCAN; GRIMES, 1998, p. 17.

AUSTRALIAN LAW REFORM COMMISSION. **Future of Law reform report**. [Australia]: [*s. n.*], 2019.

AUSTRALIAN LAW REFORM COMMISSION. **Future of Law reform update**. [Australia]: [*s. n.*], 2020.

BARDSLEY, Fran. Student lawyers give free help to Oxford residents. **The Oxford Times**, [United Kingdom], Dic. 2009.

BARWON COMMUNITY LEGAL SERVICE. **Services update**: covid-19 response. [Australia]: [*s. n.*], Mar. 17, 2020.

BESWICK, Samuel. Retroactive adjudication. **Yale LJ**, [United States], v. 130, 2020.

BOONE, Andrew; JEEVES, Michael; MacFARLANE, Julie. Clinical anatomy: towards a working definition of clinical legal education. **The Law Teacher**, [United Kingdom], v. 21, n. 1, p. 61-71, 1987.

BRAYNE, Hugh; DUNCAN, Nigel; GRIMES, Richard H. **Clinical legal education**: active learning in your Law school. [United Kingdom]: Blackstone Press, 1998.

BRITTLE, Ruth. A hostile environment for children? The rights and best interests of the refugee child in the United Kingdom's Asylum Law. **Human Rights Law Review**, [United Kingdom], v. 19, 2020.

BROUSSARD, Cynthia *et al.* Teaching legal technology: a critical conversation on legal technology skills and training. **AALL Spectrum**, [United States], v. 21, n. 4, 2017.

BURRIDGE, Andrew; GILL, Nick. Conveyor-belt justice: precarity, access to justice, and uneven geographies of legal aid in UK Asylum appeals. **Antipode**, [United Kingdom], v. 49, 2016.

CANTATORE, Francina. New frontiers in clinical legal education: harnessing technology to prepare students for practice and facilitate access to justice. **Australian Journal of Clinical Education**, [Australia], v. 5, n. 1, p. 1-18, 2019.

CANTATORE, Francina. **Submission to the Australian Government Technology Strategy Branch, Department of Industry, Science and Resources on "Safe and responsible AI in Australia**: Discussion Paper". [Australia]: [*s. n.*], 2023.

CANTATORE, Francina; NAKANO, Kazumi. An overview of Australian clinical legal education in pandemic times: possible impacts on the development of graduate employability skills. **Australian Journal of Clinical Education**, [Australia], p. 53-71, 2021.

CLEVERLY, James. Rwanda bill to become law in major illegal migration milestone. **Home Office**, [United Kingdom], Apr. 23, 2024.

FEDERATION OF COMMUNITY LEGAL CENTRES VICTORIA. **Community Legal Centres and covid-19**. [Australia]: [*s. n.*], 2020.

FERNANDEZ, Alex; SHAW, George. Academic leadership in a time of crisis: the coronavirus and covid-19. **Journal of Leadership Studies**, [United States], v. 14, n. 1, 2020.

GRIMES, Richard H. The theory and practice of clinical legal education. *In*: WEBB, Julian; MAUGHAN, Caroline. **Teaching lawyers' skills**. London: Butterworths, 1996.

HEAVEN, Will. ChatGPT is everywhere: here's where it came from. **MIT Technology Review**, [United States], 2023.

HEFFERNAN, Madeleine. Casuals bore the brunt as covid drove unis to Shed 7500 Jobs. **The Age**, [Australia], May 12, 2021.

HURLEY, Peter. **Coronavirus and international students**. [Australia]: Victoria University, Oct. 2020.

KASNECI, Enkelejda *et al.* ChatGPT for good? On opportunities and challenges of large language models for education. **Learning and Individual Differences**, [Netherlands], v. 103, 2023.

LATHOURIS, Olivianne. Australia's covid-19 crisis: state-by-state guide to border restrictions and lockdowns. **Nine News**, [Australia], July 12, 2021.

LAW SOCIETY OF NEW SOUTH WALES. **Future of Law and innovation in the profession**. [Australia]: [*s. n.*], 2017.

LAWRIGHT. **Annual report 2020**. [Australia]: [*s. n.*], 2020.

LEXISNEXIS LEGAL & PROFESSIONAL. **Generative AI & the legal profession 2023 survey report**. [United States]: *[s. n.]*, 2023.

MARSHMAN, Ian; BARÉ, Edwina; BEARD, Jennifer. As universities face losing 1 in 10 staff, covid-driven cuts create 4 key risks. **The Conversation**, [Australia], Sept. 28, 2020.

MATT, Thomas; BELLINGER, Nicholas; McDONALD, Katherine. The silver lining in the black cloud of covid-19. **International Journal of Clinical Legal Education**, [United Kingdom], v. 27, n. 4, 2020.

McFAUL, Hugh; RYAN, Fiona. Special issue: clinical and public legal education. **International Journal of Clinical Legal Education**, [United Kingdom], v. 27, n. 4, 2020.

MICHEL-VILLARREAL, Ricardo *et al.* Challenges and opportunities of generative AI for higher education as explained by ChatGPT. **Education Sciences**, [Switzerland], v. 13, n. 9, 2023.

MONASH UNIVERSITY. **Monash Law Clinics annual report 2019-2020**. [Australia]: [*s. n.*], 2020.

PEARSON, Nicholas; WOOD, Richard. Covid-19 breaking news: Southeast Queensland goes into lockdown. **Nine News**, [Australia], June 29, 2021.

PERLMAN, Andrew. Editorial. **The Practice**, [United States], Mar./Apr. 2023.

SINGH, Anne; WEBBER, Frances. **Excluding migrants from justice**: the legal aid cuts. [United Kingdom]: Institute of Race Relations, 2010. (Briefing Paper No. 7).

SUSSKIND, Richard; SUSSKIND, Daniel. **The future of the professions**: how technology will transform the work of human experts. Oxford: Oxford University Press, 2015.

TAYLOR, Monica. Legal clinics get a boost from UQ Law students. **UQ News**, [Australia], May 13, 2020.

TOMAZIN, Farrah; MILLAR, Royce; CAREY, Adam. International student losses set to punch $18 billion hole in economy. **The Age**, [Australia], Apr. 4, 2021.

TURPIN & MILLER. **Legal aid and access to justice.** [United Kingdom]: *[s. n.]*, 2024.

UNHCR. **Handbook on procedures and criteria for determining refugee status and guidelines on international protection**. [Switzerland]: UNHCR, 2019.

UNIVERSITIES AUSTRALIA. 17,000 uni jobs lost to covid-19. **Media Release**, [Australia], Feb. 3, 2021.

UNIVERSITY OF MANCHESTER LEGAL ADVICE CENTRE. [United Kingdom]: [*s. n.*], 2023.

UNIVERSITY OF SOUTH AUSTRALIA. **Legal Advice Clinic**. [Australia]: [*s. n.*], 2020.

WAPPLES, Elizabeth. Promoting positive mental health in international postgraduate Law students at a time of global uncertainty: a case study from QLegal at Queen Mary University of London. **International Journal of Clinical Legal Education**, [United Kingdom], v. 27, n. 4, 2020.

WILDING, Jo. **No access to justice**: how legal advice deserts fail refugees, migrants and our communities. [United Kingdom]: Refugee Action, 2022.

WILLIAMS, Mark. "Moneyball for lawyers": how technology will change the practice of law. **Bulletin (Law Society of South Australia)**, [Australia], v. 38, n. 5, 2016.

WURDINGER, Scott D. **Using experiential learning in the classroom**: practical ideas for all educators. [United States]: Scarecrow Education, 2005.

ZHOU, Naaman. Australian universities flag more budget cuts, job losses in the next year. **The Guardian**, [Australia], Feb. 26, 2021.

ZIEBELL, Nicola *et al*. **Australian education survey: examining the impact of covid-19 report summary.** [Australia]: University of Melbourne, 2020. *(Australian Education Survey Report)*.

STREET LAW AT EUPHROSYNE POLOTSKAYA STATE UNIVERSITY OF POLOTSK (REPUBLIC OF BELARUS)

Savitskaya Krystsina

Street Law activities have been implemented under the aegis of the Faculty of Law of Euphrosyne Polotskaya State University of Polotsk within the framework of the Student Legal Aid Services Organization since 2002. The development of Street Law got a boost in 2013. Today Street law has 35 students – trainers. These are students of the Faculty of Law. The Street Law course is not part of the curriculum. Students do not receive student credits for participation in Street Law. More than 500 interactive sessions were arranged in 2013–2023 for schoolchildren, students, the elderly, pregnant women, librarians, orphanages, writers and prisoners. Within the framework of Street Law, we focus on the development of lawyers' hard (search, systematization, and analysis of information) and soft (the ability to feel a person, think creatively, show empathy, speak in public) skills.

One of the priority areas of Street Law activities is cooperation with education institutions to offer their students legal education. The reason for this is that modern realities call for students' knowledge of their rights and ways to protect them. Every minor should be sure that he or she is protected.

Street Law has actively engaged with schools and colleges of Polotsk and Novopolotsk. However, the geography of legal education is not limited to the two cities. Sessions have been held at 33 schools in 16 cities of the Republic of Belarus.

The choice of the topic is vital in Street Law session preparation. Several methods are used to identify relevant topics for the sessions: questionnaires, surveys, interviews.

Based on the data collected, students prepare sessions under the guidance of a supervisor. The topics are revised every year. Among the most popular topics are: "Human Rights", "Human Trafficking", "Harassment: Bullying, Cyberbullying, Mobbing", "Law and Morality", "Gender stereotypes", "The Death penalty", "Consumer rights Protection", "Discrimination", "Legal Aspects of Photography", "Copyright", "Euthanasia", "Legal aspects of the use of electronic cigarettes", "Marriage and family", "Inheritance by law", "Inheritance by will", "Rent", "Gift contract" and so on.

Special attention is paid in session preparation to the theoretical training of students. Students study the law, the judicial and law enforcement practice.

To create an effective education environment, students should have psychological and pedagogical skills. In their classes, students learn about the nature of teaching, the methods that can be used in class, the specifics of preparing handouts, study the topic and the content of the session in detail. Training is focused on the factors that determine the specifics of teaching schoolchildren (the duration of a session, the location of the participants and the audience, the use of multimedia technologies, handouts, etc.).

An important task is to ensure a friendly, engaging, and tolerant environment for the sessions. The achievement of the objective has been facilitated by joint events where students and session participants are able to communicate in an informal environment (joint tea parties, participation of schoolchildren in the "Student for a Day" activity, arrangement of an interactive tour of the Faculty of Law of the State University of Polotsk).

Interactive, active, and passive teaching methods are used during the sessions. Digital services (Kahoot!, Mentimeter, Miro, Quizizz, Flippity, etc.) are used to engage the audience and to check the level of information uptake.

Covid-19 posed a challenge for the activities as face-to-face mass events were banned in the context of the quarantine measures taken.

We had to look for new safe formats of work, therefore we started to keenly implement virtual technologies to arrange online education of target groups and training of students. ZOOM and Microsoft Teams platforms were used for online sessions. For example, virtual quizzes on the Universal Declaration of Human Rights were held for secondary school students of grades 9–11 for the World Human Rights Day in 2020–2021 using the ZOOM platform. Participants were asked to answer questions using the Kahoot! service. Both the adequacy of the players' answers and the speed of their response were taken into account in the quiz. Since 2020, virtual sessions have been held on the following topics: "Copyright on the Internet", "Copyright and Social Networks", "Consumer Protection", "Human Rights".

However, sessions were discontinued for certain categories of citizens, such as elderly people as they did not have sufficient knowledge of modern technologies and most of them did not have a telephone or a computer with Internet access. Since 2023, classes for senior citizens have been resumed in a face-to-face format.

To raise awareness of citizens' rights and their protection, an Instagram page (@pravoprosto) was created in 2020 with up-to-date information posted on legal issues (consumer protection, family legal relations, contractual legal relations, entrepreneurial activity, etc.). The text of the posts and photos are prepared and posted jointly by students and their Street Law supervisor. This format contributes to wide dissemination of legal information among the general public.

Covid-19 contributed to intensified implementation of digital technologies in the Street Law activities with arrangements made for students' remote work on legal information materials, online sessions held for schoolchildren, training courses organized for the public. The virtual format makes education more accessible, enables the engagement of everyone in the learning process, and makes learning even more interesting. Sessions in this format have generated positive feedback from participants, teachers, and trainers. At present, we hold sessions in the face-to-face, virtual, and hybrid formats.

LEGAL EDUCATION, EXPERIENTIAL LEARNING AND COVID-19 IN THE UK: TIMES OF CHANGE OR SAME OLD STORY?

Rebecca Samaras

Richard Grimes

1. Introduction

In this chapter we look at the impact of the Covid-19 pandemic and how it has (or in certain fundamental instances has not) impacted on legal education particularly from the perspective of experiential learning. As legal practitioners, academics, researchers, supervisors and mentors in legal clinics over many years we draw on our respective backgrounds across a range of UK and overseas higher education institutions and law schools, In doing so we provide examples of how Covid has resulted in significant changes to the legal education landscape and what issues remain to be addressed in learning and teaching the law post-Covid restrictions. The main part of the paper looks at the British perspective on the impact of Covid although given our respective working experiences we are able to draw parallels with law schools in other jurisdictions to give further context to what hopefully will provide the basis for wider discussion.

The first three sections of this paper are brief – just setting the scene. The final two sections contain the essence of our contribution and are Covid-specific.

2. A brief historical overview of legal education in the UK

It is probably worth including here a very brief overview of legal education in the UK so as to give a framework for what follows.

Somewhat ironically, in the current setting, the early (pre-mid-19th century) basis of legal education was almost entirely experiential consisting of varying periods of on-the-job forms of apprenticeship. What tuition there was tended to be conducted variously by the legal profession(s).[199]

---

[199] See for example: BRAND, Paul. **The origins of the English legal profession**. [United Kingdom]: Blackwell, 1992.

GUILHERME RODRIGUES ABRÃO & JOSÉ LUÍS FERRARO
(ORGS.)

Law, as a study discipline, emerged over a period of 100 years or so and increasingly as courses of liberal study rather than vocational-centred training.[200] By the late 1800s this situation had changed and was to increasingly become the case with higher education law schools, principally through their holding universities, gradually acquiring a virtual monopoly over legal education, at least for the 'academic stage' as it became to be known. By the 1970s qualification to be a solicitor or barrister in England and Wales (the former largely focused on advice, representation including in lower courts of first instance and transactional work, the latter specialising in specific areas of law and litigation before the higher and appeal courts) consisted of 3 components – a 'qualifying law degree' (that covered prior accredited and mandatory subjects), passing an overtly vocational course (the focus eventually, through various reforms, being very much on skills and professional values) and a period of apprenticeship (2 years for a solicitor and 12 months for a barrister). The situation is Scotland was and remains similar with the two branches of the profession, termed solicitor and advocate. As readers may or may not know Scotland has a mixed civil and common law tradition and has long had control over the education and qualification of its lawyers. Since devolution it has had power to determine and manage amongst other 'devolved matters' the administration of justice too.[201] Given this potted history we come to a fundamental question and one that prompts regular discussion and remains to be answered – what is the role of the law school in contemporary society?

3. The role of the law school

Without detracting from the main purpose of this paper – to assess the impact and consequences of Covid-19 on legal education, it is worth devoting time, albeit briefly, to the question posed in the paragraph above. As evidenced by the role, at least until relatively recently, of the legal professions in determining the content of academic law degrees and the routes permissible to qualify for legal practice, it might be thought that the function of the law school was to produce lawyers ready to embark on

---

[200] The process in the UK was gradual and can be traced from the late 18th Century through to the mid-1900s with the most significant developments being towards the end of this period – see: A. BOON, Andrew; WEBB, Julian. Legal education and training: back to the future. **Journal of Legal Education**, [United States], v. 58, n. 1, 2008. p. 79.

[201] See generally: The Scotland Act 1998.

158

legal careers. Here the position of the UK differs considerably from other common law and some civil jurisdictions, notably the USA, where studying law is an overtly vocational step carried out after study at undergraduate (Bachelor) level. In many of such jurisdictions there is no mandatory apprenticeship stage, so it is unsurprising that experiential learning was recognised as essential in the USA as early as the 1930s.[202] A clinical movement where law students worked alongside legal practitioners soon became common place both as a means of much-needed public service as well as providing a vital learning opportunity for law students. Much of this development can be dated to the civil rights era of the 1960s[203], subsequently bolstered by the decision of the American Bar Association (ABA) to make a clinical component mandatory in accredited law school curricular.[204]

Given the apprenticeship requirement in the UK there was no obvious pressure to change the established 'academic stage' of legal education but....the debate rumbled on for many years about how far the law school should and could serve legal practice needs – and what its real purpose was.[205] As the profession has, until relatively recently, largely dictated 'qualifying law degree' content, law schools were essentially compelled to follow suit as most, if not all, students intending to enrol aimed, as least at the start of their studies, to become a professional lawyer. Today, for various reasons, the number actually becoming so is often less than 50% of total enrolments.[206] To further complicate things many legal practitioners have opted to follow an alternative route to qualification – taking a non-law degree, doing a conversion course to give them the legal basics and then doing the required apprenticeship. The employment statistics

---

[202] See in particular: FRANK, Jerome. Why not a clinical-lawyer school? **University of Pennsylvania Law Review and American Law Register**, [United States], v. 81, 1933. p. 907.

[203] For an account of clinic developments in the USA and beyond see: NICOLSON, Donald; NEWMAN, Jon; GRIMES, Richard. **How to set up and run a Law clinic**: principles and practice. [United Kingdom]: Edward Elgar, 2023. Chapter 1, p. 6-12.

[204] See: AMERICAN BAR ASSOCIATION. **Standards and rules of procedure for approval of Law Schools, rules 303 – 304**. [United States]: [s. n.], 2015.

[205] See for example: BRADNEY, Anthony. **Conversations, choices and chances**: the liberal Law School in the twenty first century. [United Kingdom]: Hart Publishing, 2003.

[206] Well under half of all undergraduate law students in the UK reprtedly end up as qualified practitioners – a reflection, we suggest, more of the state of the employment market than perhaps career aspiration. See: http://www.lawsociety.org.uk/law-careers/becoming-a-solicitor/entry-trends/, accessed 6 October 2016. This somewhat dated finding has been echoed by more recent surveys for example: in the UK out of 18,000 students enrolling on a law degree only just over one-third went on to become solicitors. See: www.lawsociety.org.uk/law-careers/becoming-a-solicitor/entry-trends/ef, accessed 18 November 2019.

suggest that many employers prefer to take on those that have not studied law degrees but have proved their worth in other disciplines as well as, ultimately, Law as they have wider experience and may have a fuller skill set including greater social and commercial awareness.

In the UK and elsewhere we have seen a number of relatively recent reviews into legal education, for example the MacCrate report in the USA[207], the European Standards and Guidelines[208] (for higher education more generally) and, in England and Wales specifically, the Legal Education and Training Review.[209] In addition the UK's Quality Assurance Agency which promotes standards in higher education has recently (as part of an on-going review) issued a set of benchmarks for what knowledge and qualities a law graduate should possess after successfully completing a law degree.[210] These reviews, reports and policy statements form part of a much longer history that space does not permit attention to here.

The relevance of all of this is that there is a common theme running through these considerations of legal education and it is this – that to be fit for purpose in the modern world legal education must adopt a holistic approach in which students become actively involved in their learning – as opposed to being passive 'vessels' that are filled with knowledge (or not) by those that are presumed and perceived to know more and better – invariably the law professor. Emphasis is therefore focused on how the student learns as well as what is covered in the curriculum. In addition, what the student learns should, as a whole (not necessarily in each and every component of an entire programme), encompass a body of relevant substantive legal doctrine (concepts, principles and rules), a range of skills or abilities relevant to legal work and wider employability and a foundational understanding of professional responsibility, essential personal attributes and broader ethical considerations – succinctly put by MacCrate and others as the need for 'knowledge, skills and values'.

---

[207] American Bar Association, Section of Legal Education and Admissions to the Bar, *Legal Education and Professional Development—An Educational Continuum. Report of the Task Force on Law Schools and the Profession. Narrowing the Gap*, July 1992 (known commonly as the MacCrate Report, named after the Chair of the Task Force – Robert MacCrate).

[208] Standards and Guidelines for Quality Assurance in the European Higher Education Area (ESG) available at: Standards and Guidelines for Quality Assurance in the European Higher Education Area (ESG) – EQAR, accessed 23 November 2023.

[209] *Setting standards: The future of legal services education and training regulation in England and Wales*, LETR, 2013 and available at: http://www.letr.org.uk/wp-content/uploads/LETR-Report.pdf, accessed 27 November 2023.

[210] Quality Assurance Agency, Subject Benchmark Statement: Law, March 2023 and available at: Subject Benchmark Statement – Law (qaa.ac.uk), accessed 23 November 2023.

Whilst discussion on these matters has continued unabated for many years a group of what we like to refer to as 'enlightened' educators and legal practitioners in the UK started, as early as the mid-1970s (but gradually gathering momentum ever since, particularly in the last 20 years), to influence the shape of the law curriculum with experiential learning at its core.[211] The main vehicle for doing this was the law clinic although other experiential formats including problem-based learning, role-play, case studies and various forms of simulation also emerged. In the early-1990s there were 2 live-client clinics established in the UK as accredited parts of the law school curriculum and focused on both the education of law students and a targeted, if limited, public advice and/or representation service. This number has grown steadily and markedly so that according to the latest survey of law school pro bono and clinical work there are around 80 law schools across the UK which have at least one clinic – a mix of advice, representation, placement/externship, public legal education (for example Street Law) and law reform/policy, often working in partnership with other providers particularly in the not-for-profit and non-governmental (NGO) sector. Couple this with frequent and notably recent major public funding cuts across the UK Legal Aid system and the extent of unmet need resulting it is unsurprising that there has been a significant rise in the demand for law clinic and other pro bono services.[212]

Against this background we can now turn to the impact and after-effects of the Covid-19 pandemic.

4. Covid and legal education

In mainland UK there have been various online legal education sessions and clinical legal education courses, many pre-dating the Covid pandemic and its subsequent upheavals. The most notable is the Open Justice Centre at the Open University Law School.[213] The Open University has over 50 years of experience delivering distance learning courses, including through e-technology, with its Law School being established in 1998. The Open Justice Centre, as part of the Law School, was established

---

[211] For a comprehensive account of the history of law clinics and social justice-oriented legal education, see: BLOCH, Frank (ed.). **The global clinical movement**: educating lawyers for social justice. [Oxford]: Oxford University Press, 2010.

[212] See the LawWorks report: GRIMES, Richard; SANDBACH, Jonathan. **Law School pro bono and clinic report 2020**. [United Kingdom]: LexisNexis, 2020.

[213] See: http://law-school.open.ac.uk, accessed 26 November 2023.

more recently, in 2017, and is aimed at providing free online legal advice to those who cannot access legal support elsewhere and exposing law students at the law school to law in its applied sense.[214] Some, perhaps understandably, were sceptical of offering legal education coupled with legal advice remotely, with the possible logistical and professional practice challenges implicit in that development. However, there is no doubt that by 2020, in the midst of a pandemic and the associated crisis, even those who watched with caution could no longer ignore the innovation and potential of such a technologically enhanced form of legal education and public legal service. We may not have seen the birth of the virtual law clinic then but we certainly witnessed its coming of age.

Throughout the pandemic, online events were organised and delivered, in the UK and elsewhere, on designing, establishing, running and sustaining virtual law clinics.[215] Inspired by this and wanting to maintain a hands-on learning experience for students in this new 'Covid world' whilst continuing to deliver services who could no longer travel to a face-to-face clinic, one of us established two initiatives at the author's then institution – the Virtual Law Clinic and the StrEEtAware Clinic. The former focused on providing legal advice online (with signposting to other sources of help where appropriate) and the latter on raising awareness of legal rights and responsibilities more generally amongst a specific section of the community in need – asylum seekers and other migrants – in a large urban area and in the aftermath of the vote in the UK to leave the European Union (the Brexit vote).

Whilst the response to existing need (of both clients and students) brought on by the pandemic was necessarily speedy the rationale for doing so remained much the same as for any clinical development – meeting aspects of existing legal need and the providing experiential learning for the students.

Within these overarching aims there were subplots. Using remote clinics students had an opportunity to become comfortable dealing with technology and developing an increasingly significant skills set for future use – in particular online collaboration skills.[216] Location was also a factor – anyone with an internet connection could (and still can) access this clinic.

---

[214] And see: https://www.open.ac.uk/open-justice/, accessed 26 November 2023.

[215] Online events were hosted by CLEO, the Open Justice Centre, LawWorks and Clio UK, to name but a few.

[216] See: BUGDEN, Lucy; REDMOND, Patricia; GREANEY, James. Online collaboration as a pedagogical approach to learning and teaching undergraduate legal education. **The Law Teacher**, [United Kingdom], v. 52, n. 1, 2018. p. 85.

Logistically the clinics could serve anyone with an adequate internet connection and access could and can be provided regardless of geographical location and distance. There was and remains an added bonus of greater flexibility in offering interview and supervision times to suit, as appropriate, the clients', students' and supervisors' availability – more often than not out of what might be deemed more traditional office hours.

We were also able to take full advantage of a case management system (Clio) that was up and running but had never been used remotely before. For example, supervisors could monitor case progress at distance and students could find all relevant case documentation in one place and from the convenience of their home computer systems. In this way we were able to manage cases, record contact with clients, draft and save relevant documents, organise calendars, keep a record of time spent on cases (highly relevant in terms of generating fees were this a private legal practice – which it wasn't – but good to give students a sense of commercial awareness) and all from one platform.

This brought challenges too, but these were addressed in a comprehensive training and induction programme for students and supervisors and with careful monitoring of clinic operations. Although the case management system was vetted by the University's own risk assessment processes we were confident in its security as it is a system endorsed by the Law Society of Scotland. To make matters even better the system is provided free of charge to academic institutions.

In terms of ease of use the interface with clients works in conjunction with several e-platforms such as Zoom and Teams with the client sent a link to click on for the purposes of interviews. Meetings with clients (and students/supervisors) could also be recorded although, of course, the consent of those concerned is required.

How have students and supervisors coped and what adaptions proved necessary?

Although students are familiar with digital technologies it cannot be assumed they have the required skills and confidence to use technological applications effectively and in ways that best support their learning. Providing early opportunities for training and access to the technology was and is critical to ensure students are confident in using technology to facilitate their learning. Incorporating technology into clinical legal education increases students' confidence in using different application which is significant given how technology is changing the practice of law and the changing world of work.[217]

Training apart students still need practice as online/virtual collaboration, especially given that, as is highly likely, the environment and technology may be unfamiliar and therefore challenging.[218] To this end, in both clinics we are discussing here, in addition to dedicated training sessions, students conduct a simulated case using the applicable technology where they practice interviewing an actor client, carry out the necessary research on the simulated case and preparing a draft letter of advice. Once they have completed this they can go 'live' albeit under the supervision of suitably professionally qualified staff. They also have a specific set of training and practice sessions on using the case management system.

A key part of the training and simulated exercises focus on professional practice obligations and particularly the need to preserve client confidentiality. This is admittedly a potentially problematic aspect of remote working. Ensuring that interviews take place with requisite privacy and that records kept are secure (on the system and not, for example on a student's laptop) is of paramount importance. In some ways it is no different from the face-to-face clinic encounters in that systems must be respected and followed but of course in remote working the supervisors is not as close to hand. All that can be done is to have clear operational rules and to ensure that everyone involved understands them and the consequences of not following procedures to the letter. As a back-up supervisors were available online in the event of difficulties being encountered. As with face-to-face work there is no guarantee that rules are complied with, but good training, periodic reinforcement of rules and expectations and careful monitoring are all any legal practice can do to ensure compliance with professional standard expectations. We must say, without any complacency intended, that in our experience students readily adapt to what is needed and very much appreciate this level of exposure to professional legal life. An interesting and useful review of virtual law clinics, much of which confirms our findings, can be found elsewhere.[219]

---

[217] See for example: PISTONE, Michele. Law Schools and technology: where are we now and where are we heading? **Journal of Legal Education**, [United States], 2014. p. 586.

[218] LONG, Lucy; MEGLICH, Patricia. Preparing students to collaborate in the virtual work world. **Higher Education, Skills and Work-Based Learning**, [United Kingdom], v. 3, n. 1, 2013. p. 6.

[219] See: RYAN, Fiona. A virtual law clinic: a realist evaluation of what works for whom, why, how and in what circumstances? **The Law Teacher**, [United Kingdom], 2019.

Whilst these innovations were significant, pressing challenges surfaced – some well-known to the clinic community (largely of a professional practice/obligation nature) and others peculiar to the technological context involved. Issues relating to client confidentiality and connectivity were and remain very real concerns. Ensuring online discussions, communications, data collection and record keeping are private and secure have been major issues and reasons why some have resisted online clinic delivery where real clients are involved. These issues were discussed by Open Justice Centre clinicians at the virtual clinic development meetings, who highlighted the importance of adequate resourcing and support. The Open University, with its vast experience and ability to draw upon global expertise in technology and its advances, knows just how colleagues in less technology inclined and, indeed, less clinically developed universities might struggle to secure sufficient backing, financially and human resource-wise. Establishing acceptable levels of security are vital, but so is the maintenance of the online systems and a robust and attentive Information Services or Technology Team was and remains a must. The pandemic clearly forced universities to turn to and lean on their technology teams like never before.

Pre-Covid, another university law clinic, at Strathclyde University in Glasgow, had already expanded their well-known and innovative methods of providing access to justice coupled with experiential learning for students with an Online Advice Clinic, giving first level advice on relatively non-complex and non-urgent matters. Their in-person Initial Advice Clinics, which were evening based and on-campus, however moved remotely as a direct result of the pandemic.[220]

In response to the detrimental effect the pandemic had on all face-to-face teaching and to law clinics in particular, the International Journal of Clinical Legal Education (IJCLE) in collaboration with the Open University Law School called for papers for publication in a Special Issue of the Journal. This Special Issue consists of 8 practice reports and one reviewed article from across the globe, all discussing the challenges faced in developing, running and maintaining online clinical legal education in light of the pandemic, but also the creative solutions they proposed to continue to meet the needs of their students and clients and others

---

[220] See: https://www.lawclinic.org.uk/getting-legal-help#:~:text=The%20Online%20Service%20offers%20one,query%20within%2015%20working%20days, accessed 25 November 2023.

using their pro bono services. [221] What they all demonstrate is well put by the editors,

> Although the difficulties discussed are significant, the responses and novel solutions presented across all the papers attest to the creativity, energy and commitment that is the hallmark of the CLE community, and they point to new pathways for clinics to engage with their communities.[222]

Two of the practice reports, one produced by the University of Hertfordshire and the other, the University of Derby, both in the UK, shared similar experiences of having to move their clinics online through quick action, creativity and more than a little tenacity. They and others demonstrated just what could be achieved with the skills and the mindset that clinicians regularly demonstrate and in abundance. Also, their views on continuing to use their online clinics in addition to their face-to-face clinics following the lifting of restrictions is a view supported by many including the authors'. [223]

Covid of course presented us all, including law clinics, with challenges. The long-established collaborative nature embodied in the clinical legal education community meant that ideas and models were tried, tested and the results shared, enabling others to adopt and adapt as necessary, perpetuating a level of service for those in need and learning by doing (and reflecting on the doing. For those studying law and the legal process.

5. So, what has really changed?

Clearly life is very different in many ways as a result of Covid-19, including, the impact on the modes of delivery of legal education in general and the operation of law clinics in particular. We have all learnt new tricks, even us old dogs, as the saying goes. We rely, increasingly, on e-based technology in its broadest sense and on virtual learning platforms and meeting sites, such as Zoom, Teams and Google Meet, especially. And,

---

[221] For example, see: McFAUL, Hugh; RYAN, Fiona. Special issue: clinical and public legal education. Responses to coronavirus. **International Journal of Clinical Legal Education**, [United Kingdom], v. 27, n. 4, 2020. p. 1.

[222] *Ibidem.*

[223] HOWELLS, Katherine. Simulated and real-world experience: the challenge of adapting practice in clinical legal education in unprecedented and challenging times. **International Journal of Public Legal Education**, [United Kingdom], v. 4, n. 2, 2020. p. 196; and THURSTON, Alex; KIRSCH, David. Clinics in time of crisis: responding to the covid-19 Outbreak. **International Journal of Clinical Legal Education**, [United Kingdom], 2020, v. 27, n. 4, p. 17.

DESAFIOS DA EDUCAÇÃO JURÍDICA EM CONTEXTOS (PÓS) PANDÊMICOS
CHALLENGES OF LEGAL EDUCATION IN THE (POST) PANDEMICS CONTEXTS

as in so many facets of life, there is no going back once such changes are commonplace. You cannot uninvent what has been invented. But what has really changed here?

When asked to contribute to this book, from a UK perspective, we were keen to do so to explain how the jurisdictions that comprise of Great Britain (England, Scotland and Wales[224]) have adapted to the constraints of lockdown and resultant social immobility. In so far as we have addressed that we suspect, not yet having seen all of the book's contributions, that there is much duplication here. Many law schools across the globe will have adapted their learning and teaching to fit with the relevant obstacles and restrictions brought by the pandemic. But we also wanted to tell another story – how much has in fact not changed, despite the serious challenges that the last few years have brought to us all, wherever we are based. We think there are lessons to be learnt in this respect too.

First and foremost, if there is a common theme to all of the adaptations that have had to be made because of the pandemic it is the extensive and often innovative use of computer-based technology. This has been significant and the development rapid, even impressive, but this is nothing new. Well before Covid's arrival many of us were recording lectures, using e-platforms and apps and generally taking advantage of the many benefits such facilities offer and many with little or no user cost (other than institutional subscriptions and having to suffer endless advertisements and notifications!). And herein lies a problem. We have a digitally divided world. Recent studies have suggested that even within so-called 'developed' countries – meaning in the main the richest and most privileged nations on earth – there are large numbers of people effectively disenfranchised from full social participation. One relatively recent piece of research estimates that around 6% of homes in the UK have no internet access at all and an alarming 20% of school aged children have no or limited access to the web[225]. The limitations relate to the availability of equipment and the fact that many use tablets and phones for internet access and much of this connectivity is on a pay-as-you go as compared with access on a contractual, and often unlimited data, basis. Once the usage has been consumed on a pay-as-you-go arrangement

---

[224] We have not deliberately neglected Northern Ireland, the other component part of the constitutional United Kingdom. It is just that neither of us have direct experience of working in law schools there.

[225] *Online Nation Report*, OfCom, July 2001 and available at: Online Nation 2021 report (ofcom.org.uk), accessed 20 November 2023.

the user must fund a top up to ensure continued access to the internet. Add to this the fact established in the report that much internet usage, especially amongst younger internet users, is focused on social media and gaming. This digital divide is highly significant as it affects who can study online (for example students) and who can access services online (for example prospective law clinic clients). The research also found that many of those with no or limited internet access were less privileged in terms of income, educational background and IT literacy meaning that many with legal problems struggled to find help that was available only or mainly through the internet.

The point we are trying to make is that whilst Covid compelled law schools and law clinics to develop virtual means of educating and providing legal services, many of those most in need, educationally and legal service-wise, were placed at a distinct disadvantage. We suggest that this is yet another indicator in inequality in our (UK but we suspect much wider) context.

The second thing that has not changed, at least as a result of Covid, is the higher education framework itself. Mainland UK (and we suspect in many other jurisdictions too) has for some years now seen a university system dominated by what can only be described as a 'business model'. Students pay substantial fees and expenses for the privilege of studying (albeit with repayable loans from the state in some cases) and faculties and departments, including law schools where part of a wider institution, are regularly 'measured' and consequently ranked by such matters as perceived teaching quality, research outputs and social impact.[226] Covid may have affected the form of delivery particularly an increased use of e-technology in delivery in some instances, but has had little or no significance in terms of how our universities are organised and run save for a host of online meetings.

Whilst we maintain that there has been a clear shift in the UK over a period of 20 years or so from clinical legal education moving from the periphery to the mainstream of accepted pedagogical relevance and provision there is, at least in so far as many, if not most, law schools are concerned, still an over-reliance on teacher-led delivery and an almost

---

[226] For more information on what is termed the Teaching Excellence Framework (TEF), visit: https://www. officeforstudents.org.uk/advice-and-guidance/teaching/about-the-tef/, accessed 20 November 2023 For more information on the Research Excellence Framework (REF) that ranks both published outputs and impact visit: https://www.ref.ac.uk, accessed 20 November 2023.

obsessive attention to content detail. Our personal experience in non-UK universities, notably in continental Europe and Central and South East Asia but elsewhere too, is that the lecture-driven, content-heavy, curriculum pervades, even if law clinics feature within this. Why, is this we might ask?

There are two simple reasons in our view, First, law is a popular course of study attracting substantial numbers of students on an annual basis. The temptation to deliver legal education to often large cohorts in the cost-effective manner of the lecture (and to a lesser extent seminar) is seemingly over-whelming. Secondly, old habits die hard. How often does one hear the justification from experienced professors that the students 'need to be given the basics' before they will be able to engage more actively in their studies (if at all!). Covid presented us with an opportunity to review and where necessary revise not only how we teach and learn but what and in many instances we have retreated to the established way of doing things even if we do use online facilities more than we used to (and that was an increasing tendency given technological advances long before Covid hit).

In a nutshell – yes, Covid has had a major impact in legal education terms on how we go about learning, teaching and providing pro bono and other public services. We have largely got to grips with e-technology. We have adapted what we do to fit often challenging situations and, especially in a clinical context, we have shared ideas and 'best practice'. Does that mean clinic, that has now unquestionable benefits and huge appeal to students, partner organisations and prospective employers in terms of studying and learning in an experiential setting, is any more embodied in law school offerings? We like to think so because of the logic involved. Where else can students acquire a deep, applied, understanding of substantive legal rules in real or realistic context? How else do they begin to develop a skills set so necessary for a variety of possible career destinations and where do they begin to get a theoretical and practical appreciation of what it means to be a professional, that others may come to rely on, and the attributes that go with such, often vocational, obligations? Covid has helped us to variously develop our thinking as scholars, teachers and legal practitioners. It is up the law schools and, where applicable, their holding institutions, to fully recognise the importance of clinical legal education. Evidenced by the number of integrated clinical programme in law schools worldwide we conclude that that has been and continues to be a gradual and incremental process, aided at times by enlightened teachers and management and occasionally punctuated by health and other obstacles thrown in our collective paths.

References

AMERICAN BAR ASSOCIATION. **Legal education and professional development**: an educational continuum. Report of the Task Force on Law Schools and the Profession. Narrowing the Gap. [United States]: [s. n.], 1992. (MacCrate Report).

AMERICAN BAR ASSOCIATION. **Standards and rules of procedure for approval of Law Schools, rules 303 – 304.** [United States]: [s. n.], 2015.

BLOCH, Frank (ed.). **The global clinical movement**: educating lawyers for social justice. [Oxford]: Oxford University Press, 2010.

BOON, Andrew; WEBB, Julian. Legal education and training: back to the future. **Journal of Legal Education**, [United States], v. 58, n. 1, 2008.

BRADNEY, Anthony. **Conversations, choices and chances**: the liberal Law School in the twenty first century. [United Kingdom]: Hart Publishing, 2003.

BRAND, Paul. **The origins of the English legal profession**. [United Kingdom]: Blackwell, 1992.

BUGDEN, Lucy; REDMOND, Patricia; GREANEY, James. Online collaboration as a pedagogical approach to learning and teaching undergraduate legal education. **The Law Teacher**, [United Kingdom], v. 52, n. 1, 2018.

FRANK, Jerome. Why not a clinical-lawyer school? **University of Pennsylvania Law Review and American Law Register**, [United States], v. 81, 1933.

GRIMES, Richard; SANDBACH, Jonathan. **Law School pro bono and clinic report 2020**. [United Kingdom]: LexisNexis, 2020.

HOWELLS, Katherine. Simulated and real-world experience: the challenge of adapting practice in clinical legal education in unprecedented and challenging times. **International Journal of Public Legal Education**, [United Kingdom], v. 4, n. 2, 2020.

LETR. **Setting standards**: the future of legal services education and training regulation in England and Wales. [United Kingdom]: [s. n.], 2013.

LONG, Lucy; MEGLICH, Patricia. Preparing students to collaborate in the virtual work world. **Higher Education, Skills and Work-Based Learning**, [United Kingdom], v. 3, n. 1, 2013.

McFAUL, Hugh; RYAN, Fiona. Special issue: clinical and public legal education. Responses to coronavirus. **International Journal of Clinical Legal Education**, [United Kingdom], v. 27, n. 4, 2020.

NICOLSON, Donald; NEWMAN, Jon; GRIMES, Richard. **How to set up and run a Law clinic**: principles and practice. [United Kingdom]: Edward Elgar, 2023.

PISTONE, Michele. Law Schools and technology: where are we now and where are we heading? **Journal of Legal Education**, [United States], 2014.

RYAN, Fiona. A virtual law clinic: a realist evaluation of what works for whom, why, how and in what circumstances? **The Law Teacher**, [United Kingdom], 2019.

THURSTON, Alex; KIRSCH, David. Clinics in time of crisis: responding to the covid-19 Outbreak. **International Journal of Clinical Legal Education**, [United Kingdom], v. 27, n. 4, 2020.

SOBRE OS AUTORES

Adelmo Germano Etges

Doutorando em Educação pelo PPGEdu da PUCRS, mestre em Educação pela PUCRS, graduado em Direito e em História pela Universidade de Santa Cruz do Sul-RS e especialista em Gestão Colegiada de Escolas Católicas pela PUCPR, docente da Escola de Direito da PUCRS e gestor na PUCRS.
Orcid: 0000-0003-1467-5415

Ana Cláudia Redecker

Attorney. Adjunct professor at the School of Law of the Pontifical Catholic University of Rio Grande do Sul (PUCRS). Professor of postgraduate and preparatory courses for public exams. Specialist in Political Sciences, Master in Law from PUCRS and PhD candidate in Legal-Economic Sciences from the Faculty of Law of the University of Lisbon. Author of the book "Franquia Empresarial", book chapters and legal articles.

Email: aredecker@pucrs.br

Orcid: 0000-0001-5736-6597

Dayo G. Ashonibare

Is a Lecturer at the Faculty of Law Baze University. Dayo is a member of the Nigerian Bar Association, National Association of Law teachers (NALT), Global Alliance for Justice Education, Member, Section on Legal Practice of the Nigerian Bar Association and Member, Network of University on Legal Aid Institution (NULAI). Dayo developed the content and pioneered the teaching of ICT Law as a Course in Baze University and with the mentorship of Professor Ernest Ojukwu SAN pioneered the teaching of Clinical and Moot Court Practice at the Faculty of Law, Baze University. He has publications on Cybercrime, Information Communication Technology Law, Data Protection and Public interest Law. He has facilitated and attended conferences/workshops in Nigeria and abroad.
Orcid: 0009-0008-8748-6408

Francina Cantatore

Is a practising lawyer, an Associate Professor of Law and Associate Dean of Research at Bond University. She is admitted to practice in the High Court of Australia and the High Court of South Africa with more than 25 years of practice experience as both solicitor and barrister. She researches chiefly in the areas of intellectual property (IP), technology, media and communications law, consumer law and legal education. She was the founder and Director of the Bond Legal Clinics Program for twelve years and has taught extensively in law, legal studies and clinical legal education, including media and communications law, copyright and property law. As an experienced commercial lawyer, she has a strong interest in diverse areas of commercial law, including media law, internet law and regulation, IP law, social media law and consumer credit law. Francina was awarded a citation from the Australian National Office of Learning and Teaching for Outstanding Contribution to Student Learning and is the recipient of multiple teaching and research awards. She is the editor-in-chief of the Australian Journal of Clinical Education and the author of four books, several book chapters and government submissions, and numerous peer-reviewed journal articles, as well as the chief investigator and grant funding recipient in high profile research projects, both in Australia and internationally. She is a Fellow of the Queensland Academy for Arts and Sciences, and an executive board member of the Australasian Law Academics Association and Centre for Professional Legal Education Committee. Francina holds a PhD in copyright law and has presented her research globally in multiple jurisdictions.

Orcid: 0000-0003-4643-6654

Gail Persad

Petronilla Sylvester is currently the Legal Studies Program Director and an Assistant Professor at Missouri Western State University in the United States. Both Sylvester and Persad held the positions of Attorney-at-law/ Tutor at the Legal Aid Clinic at the Hugh Wooding Law School during the Covid-19 pandemic. Sylvester is the holder of a Master of Laws in Experiential Learning and Teaching and Persad holds a Master of Business Administration. They would like to thank the Principal of the Hugh Wooding Law School, Ms. Miriam Samaru and the former Director of the Legal Aid Clinic, Ms. Rhonda-Ann Parris-De Freitas for their leadership

and for the support of all of the Attorneys-a-law/Tutors, legal secretaries, law clerks and other support staff who helped to successfully reimagine, redesign and implement the clinical programme during the pandemic with patience, passion and vigour, in spite of the challenges of the time.
Orcid: 0009-0005-0716-853X

Guilherme Rodrigues Abrão

Doutorando em Educação (PUCRS). Mestre em Ciências Criminais (PUCRS). Advogado. Professor da Escola de Direito da PUCRS. Membro da Anped (Associação Nacional de Pós-Graduação e Pesquisa em Educação), da Comissão de Educação Jurídica da OAB/RS (2022-2024) e da Gaje (Global Alliance for Justice Education). Membro do Grupo de Pesquisa Currículo, Cultura e Contemporaneidade (PUCRS/CNPq).
Orcid: 0000-0001-8643-2469

Jessica Emike Imuekemhe

Is a lawyer and a lecturer at the Faculty of Law Baze University. In academia, Jessica was a pioneer lecturer at Edo State University Uzairue and later joined Baze University as a lecturer. She is currently a Clinical Supervisor, and Coordinator of the Alternative Dispute Resolution Unit of the Faculty Law Clinic. Her areas of research are criminal law and justice administration, criminology, health law and medical ethics and alternative dispute resolution. She is a member of the Nigerian Bar Association, International Bar Association, Durham Centre for Research into Violence and Abuse (UK), and Chartered Institute of Arbitrators. She serves as the Secretary of the Sexual and Gender Based Violence Committee and the Editorial Board/Law Journal Committee of the Nigerian Bar Association (Cradle Bar). Additionally, she is the Director of Operations and Research at Healthcare Advocacy Initiative, a Non-Governmental Organisation advocating for patients' rights and healthcare system improvements in Nigeria.
Orcid: 0000-0003-4664-9852

José Luís Ferraro

Doutor em Educação pela Pontifícia Universidade Católica do Rio Grande do Sul (PUCRS). Bacharel em Direito pela mesma instituição, atua como pesquisador no Programa de Pós-Graduação em Educação, na Escola de Humanidades da PUCRS. Bolsista Produtividade em Pesquisa do Conselho Nacional de Pesquisa e Desenvolvimento Tecnológico (CNPq), foi Visiting Professor na University of Oxford (UK), Universidade de Coimbra (POR), Universidad de Sevilla (ESP) e na Università Degli Studi di Salerno (ITA). Foi Scholar Visitor na University of Edimburgh (UK) e na Newcastle University (UK).

Orcid: 0000-0003-4932-1051

Liane Tabarelli

Lawyer and reviewer. Adjunct professor at the School of Law of the Pontifical Catholic University of Rio Grande do Sul (PUCRS). Professor of postgraduate and preparatory courses for public exams. PhD in Law from PUCRS. Former CAPES scholarship holder for Doctoral Internship (Sandwich Doctorate) at the Faculty of Law of the University of Coimbra – Portugal. Author of works and several chapters of books and legal articles.

Email: liane.tabarelli@pucrs.br

Orcid: 0009-0009-1592-9246

Lucy Ryder

Is a third year undergraduate reading Law with Law Studies in Europe (Spain) at Exeter College, University of Oxford. She is currently on her year abroad studying Spanish law at Pompeu Fabra University in Barcelona. Throughout her studies, she has cultivated a passion for immigration and asylum law, which is what initially inspired her to participate in Oxford Legal Assistance.

Orcid: 0000-0003-0418-0830

Martha B. Omem

Is a Lecturer in the Faculty of Law, Baze University, Abuja, Nigeria. She holds a Ph.D Degree in Law from the Faculty of Law, University of Benin, Benin-city, Nigeria and her research interests cover broad areas of law, specifically, economics of law, environmental and development law, human rights dealing with the expansion of economic, social and cultural rights, right to development and employment and industrial law. She is a member of the National Association of Law Teachers (NALT) and the Nigerian Bar Association (NBA). Within the University community, she is a member of the IT Research and Innovation (ITRI) Committee of Baze University, that offers diverse opportunities and career path by harnessing technology and all it offers. In the Faculty of Law, as a Supervisor of the Social Justice Law Clinic of the Faculty of Law, Baze University.

Orcid: 0009-0002-4456-0491

Maryam Idris Abdulkadir

Is presently a lecturer at the Faculty of Law Baze University, where she lectures courses like; International Humanitarian Law, International Human Rights Law and Public International Law. She is also a law clinic supervisor and the secretary of the Baze Law Clinic Committee. She pioneered the International Humanitarian Law Clinic that also provides access to justice for victims of armed conflict especially Internally displaced Persons (IDP, s). She also pioneered the Migration and Trafficked Persons Law Clinic at the same institution where students collaborate with stakeholders to create awareness of the plight of Refugees, Migrants and trafficked persons, advocate for their rights and give legal advice under her coordination and supervision. In addition to her first degree and Law School certificate, she has a Master degree in Law (LLM) from Ahmadu Bello University and currently holds a Ph.D. in law the same institution.

Orcid: 0000-0002-7961-9230

Petronilla Sylvester

Is the Director of Legal Diversity Pipeline Programs at Street Law Inc. Prior to this appointment, she served as the Director of the Legal Studies Program and as Assistant Professor at Missouri Western State University. Petronilla possesses a Bachelor of Laws Degree (LL.B, Hons.) from the University of the West Indies, Barbados, a Legal Education Certificate (L.E.C) from Hugh Wooding Law school, Trinidad and Tobago, and a Master of Law Degree (LL.M) in Experiential Learning and Teaching from St. Charles University, Czech Republic.

Orcid: 0000-0001-7937-5101

Rebecca Samaras

Senior Lecturer in Clinical Legal Education, Dundee Law School, Dundee University. Solicitor (Scotland).

Orcid: 0000-0002-3500-7195

Richard Grimes

Qualified as a solicitor in 1977 and worked initially in a law centre and later as a full-equity partner for a provincial law firm, handling, principally, publicly funded cases. He has since worked in a number of universities in the UK and overseas and for the last 25 years has devoted his time to developing experiential means of learning about law and the legal system, that focus on the application of theory to practice, in both civil and common law jurisdictions. He is now a Visiting Professor at Charles University, Prague, Czechia, Professor of Legal Education at New Vision University, Tbilisi, Georgia and Honorary Professor at Dundee University, Scotland. He is also an independent legal education and access to justice consultant having worked for international development and donor agencies, national governments, regulatory bodies, NGOs and higher education institutions.

Orcid: 0000-0001-5186-8254

Savitskaya Krystsina

LL.M., Senior Lecturer at the Department of Civil Law, Head of Street Law, Euphrosyne Polotskaya State University of Polotsk, Novopolotsk, Republic of Belarus.

E-mail: kristina-leonkina@yandex.ru

Orcid: 0000-0003-1642-6324

Kenechukwu Agwu

Is currently the Senior Programs Manager (Access to Justice) at the Public and Private Development Centre (PPDC). He was a lecturer and the Clinical Law Administrator at the Faculty of Law, Baze University, Abuja. He taught the Law of Evidence, Trust Law, Social Justice and Clinical Legal Education at the University. He was a project officer at the Network of University Legal Aid Institutions (NULAI) Nigeria for Access to Justice and Pretrial

Projects from May 2018 – January 2022. Associate of the Chartered Institute of Arbitrators (UK), A member of the Nigerian Institute of Management, An Associate of the Institute of Chartered Mediators and Conciliators (ICMC), a registered teacher with the Teachers Registration Council of Nigeria (TRCN) and a member of the Global Alliance for Justice Education (GAJE). He is published in both local, regional and international journals. He was recently appointed African Liaison Officer of the Human Rights Law Committee of the International Bar Association (IBA).

Orcid: 0009-0008-8116-9559

Tosin Yemi Oke

Is a Nigerian-trained Attorney, corporate governance specialist, and women's rights advocate with experience in legal practice, development, and academia acquired in Africa, Europe, and North America. She is a lecturer at the Faculty of Law Baze University, an adjunct lecturer at Georgetown University School of Continuing Studies, and the Coordinator of Baze University Law Clinic. Tosin belongs to professional associations including the Nigerian Bar Association, the International Bar Association, the Nigerian Association of Law Teachers, the Global Alliance for Justice Education, and the Institute of Chartered Secretaries and Administrators.

Orcid: 0000-0003-3913-2230